Wat je speelt ben je zelf

# Wat je speelt ben je zelf

Over spel en spelbegeleiding

met specifieke aandacht voor mensen met een verstandelijke beperking

Lisette van der Poel
Annie Blokhuis

Bohn Stafleu van Loghum
Houten 2008

© 2008 Bohn Stafleu van Loghum, onderdeel van Springer Uitgeverij

Alle rechten voorbehouden. Niets uit deze uitgave mag worden verveelvoudigd, opgeslagen in een geautomatiseerd gegevensbestand, of openbaar gemaakt, in enige vorm of op enige wijze, hetzij elektronisch, mechanisch, door fotokopieën of opnamen, hetzij op enige andere manier, zonder voorafgaande schriftelijke toestemming van de uitgever.

Voor zover het maken van kopieën uit deze uitgave is toegestaan op grond van artikel 16b Auteurswet 1912 j° het Besluit van 20 juni 1974, Stb. 351, zoals gewijzigd bij het Besluit van 23 augustus 1985, Stb. 471 en artikel 17 Auteurswet 1912, dient men de daarvoor wettelijk verschuldigde vergoedingen te voldoen aan de Stichting Reprorecht (Postbus 3051, 2130 KB Hoofddorp). Voor het overnemen van (een) gedeelte(n) uit deze uitgave in bloemlezingen, readers en andere compilatiewerken (artikel 16 Auteurswet 1912) dient men zich tot de uitgever te wenden.

Samensteller(s) en uitgever zijn zich volledig bewust van hun taak een betrouwbare uitgave te verzorgen. Niettemin kunnen zij geen aansprakelijkheid aanvaarden voor drukfouten en andere onjuistheden die eventueel in deze uitgave voorkomen.

Deze publicatie is mede mogelijk gemaakt door Stichting Eleven Flowers Fund.

ISBN 978 90 313 4849 7
NUR 848

Ontwerp omslag: Boekhorst Design, Culemborg
Ontwerp binnenwerk: Studio Bassa, Culemborg
Automatische opmaak: Pre Press, Zeist

Bohn Stafleu van Loghum
Het Spoor 2
Postbus 246
3990 GA Houten

www.bsl.nl

# Inhoud

|   |   |   |
|---|---|---|
|   | **Voorwoord** | 7 |
|   | **Inleiding** | 10 |
| I | SPEL EN SPELBEGELEIDING TER ONDERSTEUNING VAN DE ZELFONTWIKKELING THEORETISCHE ACHTERGRONDEN | 13 |
| 1 | Wat is spel | 15 |
| 2 | Het belang en de functie van spel | 25 |
| 3 | De verschillende verschijningsvormen van spel: de spelontwikkeling | 36 |
| 4 | De ontmoeting met de wereld van mensen met een verstandelijke beperking | 61 |
| 5 | Spel: een manier om de wereld te ontmoeten | 74 |
| II | DE PRAKTIJK VAN SPELBEGELEIDING | 85 |
| 6 | Methodisch werken met spel | 87 |
| 7 | Spelobservatie: de beeldvorming van het kind en zijn spel | 97 |
| 8 | Een werkplan voor spelbegeleiding | 113 |

| | | |
|---|---|---|
| 9 | Spel begeleiden | 123 |
| 10 | Spelend werken aan een gezond zelf | 135 |
| | Literatuur | 150 |
| | Bijlagen | 154 |
| | Bijlage 1 De spelontwikkeling | 154 |
| | Bijlage 2 De ontwikkeling van samenspel | 155 |
| | Bijlage 3 Spel en manieren van ervaringsordening | 156 |
| | Bijlage 4 De ontwikkeling van het zelf | 157 |
| | Bijlage 5 Spelobservatiecategorieën op uitingsniveau | 158 |
| | Bijlage 6 Spelobservatiecategorieën op inhoudsniveau | 160 |
| | Bijlage 7 Richtlijnen voor het opstellen van een spelwerkplan | 161 |
| | Bijlage 8 Inrichting van een spelkamer | 162 |
| | De auteurs | 164 |
| | Register | 165 |

# Voorwoord

In elk boek over de ontwikkeling van kinderen wordt aandacht besteed aan spel. Spel wordt gezien als een belangrijk ontwikkelingsdomein, dat een sterke invloed heeft op de sociale, cognitieve, motorische en emotionele ontwikkeling. Spel is echter niet alleen een zeer belangrijke activiteit in het leven van een kind, maar ook in dat van een volwassene.
Een spelend kind is vertederend om te zien: de euforie bij het eerste torentje van twee blokjes, het plezier bij het verjaardagsfeestje van de poppen. Het lijkt allemaal zo gewoon, zo vanzelfsprekend, maar helaas is dat niet altijd het geval.
Spel en kind zijn onlosmakelijk met elkaar verbonden, maar de wijze waarop het spel zich bij kinderen ontwikkelt en manifesteert loopt zeer uiteen. Er is niet alleen een grote variëteit in spelmogelijkheden, maar ook in spelkwaliteit. De spelontwikkeling kent grofweg gezien vier fasen: van simpel manipulerend met een enkel speeltje tot verbeeldend spel, waarin alles kan en mag, als de weg naar de realiteit maar open blijft. Het schoentje dat in het spel zo'n prachtig bootje is, moet wel weer aan de voet. Na dat simpele manipuleren, eigenlijk exploreren, in de eerste fase, komt – in de tweede fase – de gewaarwording dat je ook met meerdere speeltjes iets kunt doen, meerdere speeltjes kunt combineren. Dat torentje kan steeds hoger en hoger, een fantastische ervaring, die van groot belang is voor de totale ontwikkeling. Het besef dat je zo'n toren kunt bouwen, dat die kan omvallen en dat je hem dan weer opnieuw kunt opbouwen, daar word je sterk van, daar word je groot van. Maar ook de ervaring dat het blokje op de bal eraf valt als de bal gaat rollen verrijkt het inzicht. In de derde fase, het functionele spel, worden de speeltjes gebruikt waarvoor ze zijn bedoeld. Een kopje hoort op een schoteltje, een pop op een stoeltje. Maar als die pop voor straf op dat stoeltje moet zitten of op het stoeltje wordt gezet om zogenaamd tv te kijken belanden we in de fase van het verbeeldend spel.
De indeling in spelfasen heeft veel inzicht geboden in het spel van

kinderen die niet door al die vier fasen heengaan. Kinderen die in het combinatiespel blijven hangen of in de fase van het functionele spel. Dat schoentje blijft dan een schoentje en zal nooit de alsof-betekenis van een bootje krijgen. Betekent dat dan dat spel voor deze kinderen, deze individuen niet belangrijk is?

Aanvankelijk leek spel alleen voorbehouden aan kinderen die zich normaal ontwikkelen, aan individuen zonder beperking. Zo werden mensen met een verstandelijke beperking uitgesloten van speltherapie, omdat hun verbeeldend vermogen te gering zou zijn. Inmiddels weten we dat een aanzienlijk aantal mensen met een verstandelijke beperking hiertoe wel in staat is. Misschien niet met de diepgang van individuen met een hogere intelligentie, maar wel op een niveau dat het spel heilzaam kan werken, dat opgedane ervaringen al spelend verwerkt kunnen worden. In dit boek worden hier prachtige voorbeelden van gegeven. Ook in het leven van mensen met een verstandelijke beperking is spel van onschatbare waarde, ook als zij het niveau van verbeeldend spel niet halen. In de eerdere spelfasen liggen al talloze mogelijkheden om niet alleen het kind of de adolescent, maar ook de volwassene met een verstandelijke beperking te stimuleren en te begeleiden. En dat is juist de reden waarom dit boek is geschreven: spelbegeleiding met het doel de persoon tot optimale zelfontplooiing en zelfverwezenlijking te laten komen is het uitgangspunt van deze publicatie. Spel wordt in deze doelstelling gebruikt als middel om de persoon in zijn zelfontplooiing te stimuleren, om het zelf te ontwikkelen. De persoon verwerft door spel een beter inzicht in zijn eigen mogelijkheden, kan door deze begeleiding sterker en weerbaarder worden. Dat torentje wordt niet alleen hoger maar ook steviger, het valt niet meer om.

Aan deze publicatie zijn jaren van studie en praktische ervaringen voorafgegaan.

De auteurs, Lisette van der Poel en Annie Blokhuis, zijn erin geslaagd om op wetenschappelijk verantwoorde wijze te tonen hoezeer spel niet alleen het welzijn van mensen met een verstandelijke beperking kan verhogen, maar hun ook de mogelijkheid kan bieden om zich verder te ontwikkelen in sociaal, cognitief, motorisch en emotioneel opzicht, juist omdat ze in zichzelf leren geloven. De auteurs laten zien hoe opvoeders en professionals het spel zodanig kunnen begeleiden, dat deze kinderen, adolescenten en volwassenen *zelf leren* ervaren wat hun mogelijkheden zijn en hoe ze binnen deze mogelijkheden tot zelfontplooiing kunnen komen en steviger in de wereld kunnen staan. Deze gerichte spelbegeleiding biedt het individu de mogelijkheid te exploreren, gebeurtenissen na te spelen, te verwerken, om er op een *eigen, unieke* wijze betekenis aan te verlenen.

De kracht van dit boek ligt echter niet alleen in de aandacht die uitgaat naar de rol van spel in de *zelfontplooiing en zelfverwezenlijking* van mensen met een verstandelijke beperking, maar ook in de uitstekende integratie van theorie en praktijk. De theoretische inleiding in het eerste deel wordt verhelderd door talloze concrete gevalsbeschrijvingen. De theorie komt op die manier tot leven. In het tweede deel worden vele concrete adviezen en voorbeelden gegeven: hoe te begeleiden, hoe te handelen, hoe te stimuleren om die zelfverwezenlijking te bereiken. De ruime ervaring die beide auteurs in de zorg voor mensen met een verstandelijke beperking hebben draagt hier in hoge mate toe bij. Hier ligt hun hart, dat lees je tussen de regels door, en dat maakt dit boek zo bijzonder. Het daagt de hulpverlener uit om onmiddellijk aan de slag te gaan!

Ina van Berckelaer-Onnes
Leiden, september 2008

# Inleiding

Vol enthousiasme gooit Mick nog een hand zand op de hoge berg. 'Komt Milou straks ook meespelen?' vraagt hij de spelbegeleidster. 'Nee', antwoordt deze, 'vandaag ben ik er alleen voor jou.' Mick staakt zijn spel en kijkt even stil voor zich uit alsof hij dit antwoord goed in zich wil opzuigen. Dan gaat hij weer even enthousiast verder. Hij bouwt de berg op de hand van de spelbegeleidster. 'Zo kun jij me niet wegbrengen. Ik blijf lekker hier.' De spelbegeleidster doet alsof ze haar hand onder de berg vandaan wil trekken. 'Niet doen', gilt Mick. 'Het gaat ook niet', antwoordt ze zuchtend en steunend. Op Micks anders zo vlakke gezicht verschijnt een brede grijns. 'Hoe moet dat nou?' vraagt hij. 'Ja, hoe moet dat nou?', zegt de spelbegeleidster. Dan graaft Mick haar hand weer uit. Ze lopen samen naar de kraan om het zand van hun handen te wassen.

Mick geniet van de spelbegeleiding. Hij kijkt iedere week uit naar het moment waarop de spelbegeleidster hem komt halen. In de spelkamer mag Mick zelf kiezen wat hij wil doen en heeft hij de exclusieve aandacht van de spelbegeleidster. Deze factoren zijn voor Mick heel waardevol.
Mick heeft een onrustige periode achter de rug. Twee jaar geleden is hij verhuisd en van school gewisseld. Daar ging het niet goed met Mick en sinds enkele weken gaat hij naar een school voor zeer moeilijk lerende kinderen. Zijn verstandelijke beperking maakt het extra moeilijk om al deze veranderingen een plaats te geven. Mick heeft het gevoel dat hem van alles overkomt, dat anderen bepalen wat er met hem gebeurt. In de spelkamer mag hij zelf bepalen wat er gebeurt. Het gevoel van controle doet hem goed.

Zo hebben we talloze kinderen zien genieten en profiteren van spelbegeleiding. In ons werk als orthopedagoog en docent aan de spelbegeleidingsopleiding hebben we keer op keer ervaren hoe kinderen plezier en zelfvertrouwen (her)vonden na of tijdens een moeizame periode door te spelen. We willen deze ervaringen graag met andere opvoeders, leerkrachten en begeleiders delen. Hiermee hopen we hen te inspireren en uit te dagen om spel een passende plaats te geven in de opvoeding en begeleiding van kinderen en volwassenen.

In dit boek beschrijven we de waarde van spel en spelbegeleiding voor mensen met een verstandelijke beperking. We introduceren een andere manier van kijken naar spel en spelbegeleiding dan algemeen gangbaar is.
We beschrijven hoe je spel kunt inzetten ter ondersteuning van de ontwikkeling van het zelf. Ieder mens heeft de ontwikkelingstaak een zelf op te bouwen. Spelbegeleiding kan van grote waarde zijn wanneer er problemen zijn of dreigen te ontstaan bij deze ontwikkelingstaak. Het opbouwen van een gezond en stevig zelf blijkt een zware ontwikkelingstaak te zijn voor mensen met een verstandelijke beperking. Daarom richten we ons in dit boek vooral op deze mensen. Hoewel het in de voorbeelden in het boek meestal gaat om kinderen met een beperking, zullen vele ook herkenbaar zijn voor kinderen zonder beperking.

Voor de leesbaarheid hebben we in de tekst meestal het woord 'kind' gebruikt. In veel gevallen zal de inhoud ook van toepassing zijn op volwassenen met een verstandelijke beperking.

Het boek bestaat uit twee delen. In het eerste deel geven we een theoretische onderbouwing voor de spelbegeleiding. In het tweede deel wordt de praktijk van de spelbegeleiding uiteengezet. Hierin staat stap voor stap beschreven hoe je het spel zo kunt begeleiden dat het zelf van het kind of de volwassene zich beter kan ontwikkelen. De puur praktisch ingestelde lezer kan zich beperken tot dit tweede deel.

We willen onze meelezers bedanken voor hun waardevolle adviezen: Kathleen van den Brand, Alida Gründmann, Ad Sandtke en Nel van Kooten. Zonder hun steun en kritische opmerkingen had dit boek deze vorm niet gekregen.

*Als het Anne allemaal een beetje te veel wordt op school, holt ze de klas uit, regelrecht naar de spelkamer. Als de juf haar vraagt waarom ze dan juist naar de spelkamer toegaat, antwoordt ze: 'Daar hoef je niks en mag je zelf weten wat je doet.'*

In spel hoef je niks, en mag en kan bijna alles. In spel kun je zijn wie je wilt zijn en laten gebeuren wat je wilt laten gebeuren. In spel ben jij de baas en kun je helemaal jezelf zijn. Dit maakt spel zo krachtig in de begeleiding van kinderen, want...

WAT JE SPEELT, BEN JE ZELF.

Lisette van der Poel
Annie Blokhuis

# I Spel en spelbegeleiding ter ondersteuning van de zelfontwikkeling
## Theoretische achtergronden

# Wat is spel

Sander, Dirk en Anna spelen in de woonkamer. De 3,5-jarige Anna loopt met een tijgermasker voor haar gezicht en maakt grommende geluiden. De 6-jarige Dirk is de oppasser en brengt haar naar een hok. 'Nu moet jij weg,' fluistert de 8-jarige Sander tegen Dirk. 'Zo, ik kom jou stelen,' zegt Sander tegen Anna. 'kijk eens, ik heb een lekker snoepje, kom dan'. Tijger Anna loopt met hem mee.
'Zo, ik ga een stukje vlees aan de tijger geven,' zegt Dirk met een zware stem en loopt naar het hok. 'Hé!' Dirk doet alsof hij schrikt. 'De tijger is weg!'.
'Nu moet je hem in zijn bil bijten,' zegt Dirk tegen Anna. Anna aarzelt. 'Ja, dat doe je zo, hap!' moedigt Sander aan. Tijger Anna doet alsof ze bijt en dief Sander valt schreeuwend op de grond. 'Houd de dief, houd de dief!' roept de oppasser. 'Jij hebt de tijger gestolen, kom mee jij!' De dief wordt voor straf in het hok van de tijger gezet en wordt vervolgens door de tijger opgegeten. 'Nu ben ik de tijger!' roept Dirk. Dirk krijgt het tijgermasker voor en het spel begint opnieuw.

Kinderen spelen graag en veel. Kinderen en spelen zijn voor velen dan ook vanzelfsprekend met elkaar verbonden. Pas wanneer kinderen niet spelen, komen er vragen over het hoe en waarom van spel. Spelen is niet altijd vanzelfsprekend, zeker niet voor kinderen met een verstandelijke beperking. Ouders en begeleiders van deze kinderen merken regelmatig op dat ze minder of minder gevarieerd spelen dan kinderen zonder beperkingen. Onderzoek naar het spel van kinderen met een beperking bevestigt dit (Scholten, 1985; Hellendoorn, 1990). Spelen kunnen we omschrijven als een spontane en vrijwillige ontmoeting van een kind met zijn omgeving. Voor veel kinderen met een verstandelijke beperking zijn de ontmoetingen met de hen omgevende wereld niet altijd plezierig. Hun beperking maakt dat ze niet alert of adequaat kunnen reageren en vaak is het voor hun omgeving lastig in te schatten hoe er het best gereageerd kan worden. We zien dit dan ook terug in hun spel. Het lijkt of ze de spontane ontmoeting met de wereld niet (meer) aandurven.

Marco is 10 jaar. Hij gaat overdag naar een ZMLK-school. Zijn ouders en zijn leerkracht maken zich zorgen over hem. Hij is snel boos, moppert veel, heeft veel aanvaringen met andere kinderen. Samen spelen met anderen kan hij niet.
Hij vindt het moeilijk om zelf te spelen, gooit spelmateriaal snel van zich af en roept dat het stom is. Afgesproken wordt dat hij een tijd individuele spelbegeleiding krijgt.
Als Marco de spelkamer binnenkomt, weet hij niet goed wat hij moet kiezen. Hij pakt wat auto's, rijdt ermee heen en weer en kijkt verlegen om zich heen.
'Vind je het leuk om met Knex iets te maken?' vraagt de spelbegeleidster. 'Nee, dat is stom,' zegt Marco en schudt heftig met zijn hoofd. 'Kijk, ik heb hier een voorbeeld, dat kunnen we samen namaken,' wijst de spelbegeleidster. Ze begint zelf met het namaken van het voorbeeld en schoorvoetend begint Marco mee te doen. Na een poosje wordt hij enthousiast als hij merkt dat het hem lukt om het voorbeeld na te maken.
De spelbegeleidster ontdekt dat Marco's mopperen en roepen dat hij iets stom vindt, eigenlijk betekent dat hij niet snapt hoe het moet, dat hij onzeker is of hij het wel kan.
Stapsgewijs leert Marco op deze manier de verschillende spelmaterialen kennen.
Na een aantal maanden krijgt hij zoveel zelfvertrouwen dat hij zelf dingen bedenkt die hij wil maken. Hij maakt een garage waar de auto's in kunnen en een benzinestation. Hij neemt steeds meer initiatief in het spel, pakt er poppetjes bij en maakt een spelverhaal.
Marco's favoriete spel is een achtervolging van een boevenwagen door de politie. In het begin moet de spelbegeleidster de politie zijn en Marco vertelt wat de politie moet doen. Het loopt altijd nog net goed af.
Op een dag wil Marco zelf de politie zijn en mag de spelbegeleidster met de boevenwagen rijden. De politie rijdt achter de boeven aan en na een wilde achtervolging worden de boeven opgesloten in de gevangenis. Marco's gezicht straalt na afloop. 'Volgende keer gaan we het weer doen hè, en dan ben ik weer politie.'

Marco's gedrag verandert naarmate hij vaker speelt met de spelbegeleidster. Hij gaat niet alleen beter spelen, ook thuis en in de klas verandert zijn gedrag. Hij krijgt meer zelfvertrouwen, er zijn minder

conflicten met andere kinderen. Hij leert met een ander kind te spelen met spelmateriaal dat hij al kent vanuit de spelkamer.
Marco blijft een kwetsbare jongen. Als hij geen overzicht heeft over een situatie of als er onverwacht dingen gebeuren, roept hij dat hij het stom vindt en niet meer meedoet.
Maar het is nu mogelijk om hem sneller uit dit negatieve gedrag te halen en hem weer mee te laten doen. Hij is vrolijker geworden en ondernemender.

Uit dit verhaal wordt duidelijk dat het spelen met Marco ertoe heeft bijgedragen dat hij zich prettiger voelt. Het spel heeft hem geholpen om de wereld te ontmoeten op een manier die hem vertrouwen geeft in eigen kunnen. Dit nodigt hem uit om opnieuw en op een andere, plezieriger manier met de wereld in contact te treden. Het effect lijkt zich ook uit te breiden naar andere plaatsen buiten de spelkamer. Blijkbaar heeft spel een waardevolle functie voor hem.
Dit gaat echter niet zomaar en vanzelf door Marco te laten spelen maar vraagt een begeleiding van Marco en zijn spel waarbij heel nauwkeurig op Marco en zijn (spel)mogelijkheden en -behoeften wordt aangesloten. In dit boek zullen we beschrijven hoe en waarom juist spel dit waardevolle effect op Marco kan hebben. We beschrijven hoe je spel kunt begeleiden om kinderen met een verstandelijke beperking vertrouwen te bieden in zichzelf en de wereld om hen heen. Dit vertrouwen helpt hen immers in contact te treden en te blijven met hun omgeving, wat hun ontwikkeling en welbevinden ten goede zal komen.
Algemeen wordt aangenomen dat spelen belangrijk is voor de ontwikkeling van kinderen. In het eerste deel van dit boek beschrijven we waarom spelen zo belangrijk is. We beginnen daartoe met een omschrijving van wat spel precies is.

## 1.1 Een definitie van spel

Wat is spel? Het lijkt een simpele vraag. Ieder mens heeft in zijn jeugd immers menig uur met spelen doorgebracht en wie dat vergeten is moet maar eens langs een schoolplein lopen tijdens het speelkwartier. Het merendeel van de kinderen zal druk aan het spelen zijn. Wanneer we echter proberen aan te geven waarin dit spelen zich onderscheidt van andersoortig gedrag en op zoek gaan naar de typerende kenmerken van spel, blijkt de vraag allesbehalve simpel te zijn. Ondanks talrijke pogingen van diverse wetenschappers, kunnen we tot op de dag van vandaag nog geen eensluidende definitie geven van spel.

Volgens Garvey (1977) is spel zo moeilijk te definiëren omdat je niet aan de uiterlijke kenmerken van het gedrag kunt zien of er sprake is van spelen. De bedoeling waarmee het gedrag wordt uitgevoerd, bepaalt of er gespeeld wordt of niet. De volgende beschrijving is hier een mooi voorbeeld van.

*Jan en Bas rennen achter elkaar aan. Jan loopt voorop, kijkt steeds achterom. Dan krijgt Bas hem te pakken. Ze duwen en trekken aan elkaar totdat Jan op de grond ligt. Bas gaat bovenop hem zitten. 'Zo mannetje, nou heb ik je eindelijk te pakken' schreeuwt hij. 'Help, help!' roept Jan.*

In eerste instantie zijn we geneigd om Jan te hulp te schieten. Hij dreigt het onderspit te delven in een vechtpartij met Bas. Maar dan horen we Bas zeggen:

*'Zo, jij gaat de gevangenis in,' en hij doet Jan denkbeeldig handboeien om.*
*Hij brengt Jan naar een boom. 'Je moet hier heel lang blijven, voor straf,' zegt hij.*
*'Oké,' zegt Jan. 'En nu was ik de politie en jij was de dief, goed?'*

We zien twee jongens achter elkaar aanhollen en aan elkaar trekken en duwen. Als we alleen uitgaan van wat we zien en horen, weten we niet of dit spel is of niet. We gaan ervan uit dat er een niet-speelse bedoeling achter het gedrag ligt. Door wat ze daarna zeggen en doen, blijkt hun gedrag een andere intentie te hebben. Ze doen alsof ze politie en boef zijn, waarbij Bas als politieagent Jan achtervolgt. De achtervolging maakt deel uit van een breder spel. Het gedrag wordt op een 'simulerende', niet-letterlijke manier uitgevoerd.
Mensen (en sommige apensoorten) geven elkaar voorafgaand aan en tijdens het spel signalen dat hun gedrag niet letterlijk maar speels moet worden geïnterpreteerd. Het speelgedrag zelf ziet er echter precies hetzelfde uit als wanneer het wel letterlijk wordt uitgevoerd. We kunnen pas ontdekken of er sprake is van spel door te letten op de signalen die aangeven dat er sprake is van spel.

Dit maakt dat we spel dus niet kunnen definiëren door te beschrijven hoe het gedrag eruitziet, maar op basis van zogenaamde dispositionele kenmerken; kenmerken die betrekking hebben op de manier waarop en de intentie waarmee het gedrag wordt uitgevoerd. Een inventarisatie van de talrijke definities van spel laat ons zien dat de meeste wetenschappers spel inderdaad definiëren op basis van dispositionele kenmerken.

> De meest gerenommeerde Nederlandse wetenschapper die zich met spel heeft beziggehouden is de cultuurhistoricus Huizinga (1938). Huizinga ziet spel als uitermate waardevol voor zowel kind als volwassene, in de zin dat volgens hem 'menselijke beschaving opkomt en zich ontplooit in spel, als spel' (p. V). Hij definieert spel als 'een vrijwillige handeling, die binnen zekere vastgestelde grenzen van tijd en plaats wordt verricht naar vrijwillig aanvaarde doch volstrekt bindende regels, met haar doel in zich zelf, begeleid door een gevoel van spanning en vreugde, en door een besef van 'anders zijn' dan het "gewone leven"' (p. 28). Een meer recente Nederlandse visie op de definiërende kenmerken van spel wordt gegeven door Hellendoorn en Van Berckelaer-Onnes (1991). Zij zien spel als 'een bevrediging gevende activiteit:
> – met objecten, met het eigen lichaam of met een of meer medespeler(s),
> – die in zichzelf genoeg is en geen extern doel dient,
> – die in belangrijke mate door de spelende(n) zelf geïnitieerd en gecontroleerd kan worden,
> – gekenmerkt door een voortdurende afwisseling en spanning tussen verwachting en verrassing, tussen het bekende en het onbekende,
> – waarbij de invloed van de realiteit verminderd is, maar niet opgeheven' (p. 12).

Ook in de Engelstalige literatuur treffen we verscheidene definities van spel aan (Piaget, 1951; Hutt, 1966, 1979; Berlyne, 1969; Csikszentmihalyi, 1975; Garvey, 1977; Krasnor & Pepler, 1980). Rubin, Fein en Vandenberg (1983) hebben de talrijke definities die in de Engelstalige literatuur over spel zijn verschenen naast elkaar gezet en kwamen tot de conclusie dat zes karakteristieken van spel opmerkelijk vaak in de verschillende definities konden worden teruggevonden:
1 Spelen gebeurt vanuit een intrinsieke motivatie.
2 In spel staat niet zozeer het doel maar vooral het middel centraal.
3 Spelen wordt geleid door de vraag 'wat kan ík allemaal met dit object doen?', waarmee het zich onderscheidt van exploratie-

gedrag dat zich laat leiden door de vraag 'wat kan dit objéct allemaal doen?'
4 Spel is simuleren; de speler doet alsof.
5 Spel is vrij van extern opgelegde regels.
6 Spel impliceert een actieve betrokkenheid.

Rubin e.a. (1983) geven bij deze inventarisatie echter zelf al aan dat deze kenmerken niet als de definiërende kenmerken van spel kunnen worden opgevat in de zin dat we pas van spel kunnen spreken wanneer alle zes kenmerken aanwezig zijn. Dit zou betekenen dat we het concept spel zouden beperken tot 'doen-alsof' spel en allerlei spelvormen waarin geen simulatieve elementen aanwezig zijn als niet-speels moeten opvatten. Dit zou een te beperkte definitie opleveren die niet in overeenstemming is met de meeste speltheorieën.

## 1.2 Intrinsieke motivatie

Wanneer we de bestaande definities met elkaar vergelijken zien we drie kenmerken telkens terugkeren. Allereerst de *intrinsieke motivatie* achter het spel, wellicht het meest genoemde kenmerk van spel. Concreet betekent dit dat je speelt om het plezier in het bezig zijn zelf. Het eventuele resultaat van de bezigheid is van ondergeschikt belang. De voetballer die na een verloren partij dagenlang chagrijnig is, heeft niet echt gespeeld; de tennisser die na verlies zegt desondanks heerlijk te hebben 'gespeeld' daarentegen wel. In het kinderspel zie je meestal ook dat er geen duidelijk resultaat wordt nagestreefd. Er kan worden begonnen met het bouwen van een kasteel maar al gauw kan blijken dat een boerderij veel leuker is, en waar het verhaal over de veedieven zal eindigen is vooraf niet bekend.

Ernst is bezig bij de watertafel. Hij speelt met kleine bootjes die heen en weer varen naar de haven. Er moet een grote boot bij komen, besluit hij, die de kleine boten vertelt langs welke weg ze het beste kunnen varen. Hij laat een grote boot in het water plonzen waardoor er golven in het water ontstaan. Ernst kijkt gefascineerd naar de golven. Daarna beweegt hij met zijn handen door het water en laat golven ontstaan voor de bootjes. Hij kijkt naar wat de bootjes doen, ze deinen heen en weer. Hij heeft zo'n plezier in het maken van de golven, dat hij zijn oorspronkelijke spel rondom de haven vergeet.

*In de klas van Maaike mogen de kinderen vrij spelen. Maaike is een toren aan het bouwen. Het is een toren van allerlei gekleurde blokken. Ze probeert er een zo hoog mogelijke toren van te maken en legt er weer een blokje op. De toren wordt steeds hoger. De juf besluit Maaike te begeleiden in het bouwen van de toren. 'Welke kleur heeft dat blokje?' vraagt de juf. 'Groen,' zegt Maaike. 'Nee, dat is rood. Pak nu eens een groene,' zegt de juf. Maaike pakt nu een groen blokje. 'Goed zo, als je de toren helemaal klaar hebt, mag je hem opruimen,' zegt de juf. Maaike blijft vertwijfeld achter. Zou juf de toren zo goed vinden? Ze stopt met spelen.*

Ernst is heerlijk aan het spelen. Hij laat zijn handelen volledig leiden door waar hij van geniet. Ook Maaike is aanvankelijk lekker aan het spelen maar nadat de juf langs is gekomen is er geen sprake meer van spel. Vanaf dat moment voert Maaike een opdracht uit: het bouwen van een toren die aan bepaalde eisen moet voldoen. Met deze opdracht geeft de juf Maaike een doel dat ze met haar bezigheid moet bereiken en ontneemt ze Maaike de ruimte om intrinsiek gemotiveerd bezig te zijn. Maaike kan zich nu veel moeilijker laten leiden door de activiteit op zichzelf, omdat ze naar een bepaald resultaat moet toewerken.

Csikszentmihalyi (1975) spreekt in dit opzicht van spel als autotelisch gedrag. Auto betekent in het Grieks zelf en telisch komt van het Griekse teleos, wat doel betekent. Spel is gedrag dat een doel in zichzelf draagt; je speelt omdat het plezierig is om te spelen, zo plezierig dat het geen ander doel dient dan het spelen zelf. Kinderen kunnen dat over het algemeen prima verwoorden. Als je een kind vraagt waarom hij speelt, zal hij je, veelal verbaasd, antwoorden: 'Nou gewoon, omdat het leuk is'. De motivatie om te spelen ligt in het spelen zelf. Bij Ernst zien we dat duidelijk terug, bij Maaike is de kans om tot *spel* te komen door de juf ontnomen door het doel voorop te stellen.

## 1.3 Eigen regels en betekenissen

Een ander kenmerk van spel is het creëren van een eigen wereld of context voor het handelen, waarin *eigen regels en eigen betekenissen* gelden. De blokken zijn geen bouwstenen meer maar broodjes die je in de bakkerszaak kunt kopen. Ook de rollen die mensen aannemen en de daarbij behorende omgangsvormen kunnen naar eigen believen worden ingevuld. Als het kind speelt dat ze moeder is, kan het kind eens de lakens uitdelen. Een glijbaan hoef je niet per se af te glijden, je kunt er ook opklimmen. Het handelen binnen deze spelcontext staat los van het (uiterlijk identieke) handelen in de gebruikelijke wereld en heeft dus ook geen consequenties buiten de spelcontext.

Isa en Anouk spelen op Isa's kamer dat ze prinsessen zijn. De prinsessen gaan naar het bal en hebben daarom een prachtige baljurk aan. Die van Isa is roze en die van Anouk zilverkleurig. 'Mijn jurk is veel mooier', zegt prinses Isa. 'Ik weet zeker dat de prins met me wil trouwen.' 'Niet waar', zegt prinses Anouk. 'Prinsen houden van zilver.' 'Heus niet!' roept prinses Isa en er ontstaat een felle ruzie tussen de prinsessen. Wanneer de moeder van Isa naar boven roept dat ze geen ruzie moeten maken, antwoorden de beide meisjes tegelijk: 'Het is niet echt, we zijn aan het spelen.' En ze kijken elkaar even lachend aan. Moeders snappen niets van spelen.

**Wellicht het meest boeiende aan spel is dat een kind het helemaal kan laten verlopen zoals hij zelf wil. Hij kan zijn speelwereld zo creëren dat die perfect aansluit bij zijn eigen kunnen en wensen. Piaget (1951) spreekt in dit opzicht van pure assimilatie. Dit betekent dat een kind zelf bepaalt hoe zijn speelwereld eruitziet. Hij kan objecten zo gebruiken en handelingen zo uitvoeren als hij zelf wil, geleid door de vraag: wat kan ík hier allemaal mee doen? Omdat het kind zich nu aan de regels van zijn speelwereld houdt maakt het zich even los van de regels die in de dagelijkse, niet-speelwereld gelden.**

Peter heeft een dag van niks gehad op school. Toen zijn vrienden in het speelkwartier gingen voetballen, mocht hij niet meedoen omdat het ene team dan meer spelers zou hebben dan het andere team. Als hij thuiskomt, is zijn moeder de keuken aan het schoonmaken. Peter ziet een vergiet liggen en een pollepel. 'Mag ik daarmee spelen?' vraagt hij zijn moeder.
Even later steekt ridder Peter iedereen die hem blokkeert neer met zijn pollepelzwaard. Door zijn helm (het vergiet) en schild (een pannendeksel) kan geen vijand hem raken en bevrijdt hij uiteindelijk de gevangenen die op een eiland opgesloten zaten. De gevangenen vragen hem bij hen te komen wonen en hun leider te worden. Dat wil ridder Peter wel. De slechten mogen nooit van hem op het eiland komen.

**In de spelwereld van Peter is hij de baas en bepaalt hij wie er wel en niet in zijn wereld mogen komen. In dit spel kregen de keukenattributen van moeder een heel andere betekenis dan tijdens het koken.**

## 1.4 Actief bezig zijn

Spel impliceert *actie*. In de meeste gevallen zal dat waarneembare actie zijn. Een aantal speltheoretici (Rubin e.a., 1983) zijn echter van mening dat deze actie ook in het hoofd kan plaatsvinden. Dagdromen en fantaseren vinden ze ook een vorm van spelen, omdat het kind dan ook een eigen wereld met eigen regels en betekenissen creëert en intrinsiek gemotiveerd bezig is. Vygotsky (1966) beweerde zelfs dat dagdromen of fantaseren een geïnternaliseerde vorm van doen-alsof spel is.

Jochem zit muisstil naast zijn vader in de trein. Hij kijkt door het raam naar de weilanden waar de trein doorheen rijdt. Bij ieder hek of iedere sloot die de weilanden van elkaar scheidt beweegt Jochem even zijn hoofd op en neer. De trein arriveert op het station en Jochem en zijn vader stappen uit. 'Wacht even, pap', zegt Jochem, 'mijn paard is er nog niet. Hij is ook zo moe van het springen over al die sloten en hekken. Hij moet eerst even wat drinken.'
In het hoofd van Jochem heeft zich een heel spel afgespeeld waarin ridder Jochem zijn paard instrueerde om met hem mee te rennen door alle weilanden.

## 1.5 Een werkdefinitie van spel

Samengevat blijkt ieder gedrag op twee manieren te kunnen worden uitgevoerd: op een speelse manier en op een niet-speelse manier. De intentie waarmee we het gedrag uitvoeren bepaalt of iets spelen is of juist niet. Soms is deze intentie niet direct waar te nemen en vergist de toeschouwer zich in de aard van het gedrag, zoals de moeder van Isa en Anouk. Ook voor de spelers zelf is de grens tussen spel en werkelijkheid soms moeilijk te herkennen. Regelmatig ontaardt een stoeipartij in een echte vechtpartij en stopt het spel. Toch kunnen we een aantal criteria noemen die maken of gedrag als spel of niet-spel kan worden beschouwd. Op basis van deze criteria willen we de volgende werkdefinitie formuleren:

> Er is sprake van spel wanneer men actief bezig is om het plezier in de bezigheid op zich (autotelisch) en men daarbij eigen regels en betekenissen aan die bezigheden toekent.

Wanneer we in dit boek spreken over spel, hanteren we bovenstaande werkdefinitie. We spreken bewust van een werkdefinitie omdat er, zoals duidelijk is geworden, nog steeds geen algemeen geaccepteerde definitie van spel bestaat en we niet de suggestie willen wekken dat we het definiëringsprobleem hebben opgelost.

Deze wijze van definiëren maakt het ons ook mogelijk goed uit te leggen waarom spel zo waardevol is. Ook hier zijn verschillende ideeën over. In het volgende hoofdstuk zullen we eerst de meest voorkomende visies op de waarde van spel op een rij zetten. Daarna zullen we uiteenzetten op welke visie de spelbegeleiding die in dit boek wordt beschreven is gebaseerd.

# 2 Het belang en de functie van spel

Waarom spelen kinderen eigenlijk? Als we het een kind zelf vragen, zal het je bevreemd aankijken en antwoorden: 'Gewoon, omdat het zo leuk is'. Hoewel het leuke van spel, het autotelische karakter, een van de belangrijkste kenmerken van spel is, zijn verschillende onderzoekers ervan overtuigd dat spelen een bredere functie heeft dan alleen het bieden van een plezierig tijdverdrijf. In dit hoofdstuk zullen we de belangrijkste moderne visies op het belang van spel uiteenzetten.

Sutton-Smith (1997) onderscheidt drie stromingen binnen de moderne opvattingen over de functie van spel:
- spel als motor voor de ontwikkeling;
- spel als verbeelding;
- spel als zelfverwerkelijking.

Deze stromingen sluiten elkaar niet uit. In feite leggen de drie stromingen ieder een ander accent op de functie van spel. De professional of opvoeder kan op alle drie functies van spel teruggrijpen in de begeleiding van het kind of de volwassene, maar dient zich terdege af te vragen ter ondersteuning van wat hij het spel wil gaan inzetten.

## 2.1 Spel als motor voor de ontwikkeling

Belangrijke uitdragers van de eerste visie zijn de Zwitserse ontwikkelingspsycholoog Piaget (1951) en de Sovjetpsycholoog Vygotsky (1966). Piaget zag spel als een oefenterrein waarop kinderen nieuw verworven vaardigheden met groter gemak en efficiëntie leerden toe te passen, waardoor ze een hechtere plaats kregen tussen de reeds verworven denk- en gedragsstructuren. Piaget noemde dit de consoliderende functie van spel.

Sacha, 4 jaar oud, heeft net leren fietsen zonder zijwieltjes. Nog wat wiebelend en af en toe slingerend gaat ze over het speelplein. Sinds ze kan fietsen wil ze niets anders meer. Zodra ze uit school komt stapt ze op haar fietsje en gaat ze ervandoor. Na een week zien we dat het slingeren beduidend minder is geworden en ze de fiets steeds beter onder controle heeft.

Patrick, 1,5 jaar oud, vindt het prachtig als zijn moeder iets verstopt en hij het moet zoeken. Ook kiekeboe spelen vindt hij geweldig. Dit spel helpt hem bij de ontwikkeling van het besef dat voorwerpen (en mensen!) blijven bestaan, ook als je ze niet ziet. We noemen dit objectpermanentie. Het is in feite de eerste stap naar het abstracte denken.

Vygotsky (1966) zag in spel de 'zone van de naaste ontwikkeling'. Dat wil zeggen dat kinderen in spel worden geconfronteerd met dingen die ze eigenlijk nog net niet zelf kunnen of snappen en zich deze dingen door te spelen eigen maken.

> Er zijn verschillende interpretaties van de theorie van Vygotsky over spel als zone van de naaste ontwikkeling. Sommige onderzoekers gaan ervan uit dat deze zone met name in het samenspel met andere kinderen wordt gecreëerd (zie bijv. Leseman, Rollenberg & Rispens, 2001). De medespelers kunnen spelen op een manier die net iets hoger ligt dan het kind zelfstandig kan. Door met het andere kind mee te spelen en er zelf mee te experimenteren, maakt het kind zich nieuwe inzichten en vaardigheden eigen, die hem een stapje verder helpen in zijn ontwikkeling. Een andere interpretatie is dat een kind in spel zijn eigen zone van de naaste ontwikkeling creëert (Rubin, Fein & Vandenberg, 1983). In het spel gaat het kind met zijn omgeving om op een manier die net boven zijn eigen kunnen ligt. Kinderen proberen van alles uit in spel. Omdat spel geen consequenties heeft buiten het spelkader maakt het niet uit als iets niet goed lukt. Dit geeft het kind de ruimte om datgene uit te proberen wat net even boven eigen kunnen, in de zone van de naaste ontwikkeling ligt.

Hoewel de ideeën over hoe spel aan de ontwikkeling kan bijdragen dus verschillen, zagen zowel Piaget als Vygotsky spel als een context waarbinnen kinderen veilig nieuwe competenties en inzichten kunnen ontwikkelen. Hun handelen heeft immers geen consequenties buiten de spelcontext.
Een van de belangrijkste kenmerken van spel is dat de speler eigen

regels en betekenissen aan zijn bezigheden en omgeving toekent. Hiermee creëert de speler als het ware een alternatieve omgeving waarin hij kan laten gebeuren wat hij graag wil, zonder dat zijn handelen consequenties heeft voor de wereld buiten die spelomgeving.

Jacco (4 jaar) woont op een boerderij en speelt dat hij een ridder is. Hij heeft een lange stok als zwaard. Iedere keer rent hij met zijn zwaard naar een grote berg met hooi en werpt zijn wapen luid schreeuwend naar denkbeeldige tegenstanders. In het begin vliegt de stok alle kanten op maar na verloop van tijd lukt het hem om de stok gericht naar een bepaalde plek te gooien.

Volgens Sutton-Smith wordt de overtuiging binnen de eerste stroming, spel als motor voor de ontwikkeling, door de meeste westerlingen aangehangen. Onderzoek van Van der Kooy en Slaats-van den Hurk (1991) laat zien dat ook in Nederland de meeste opvoeders het vooral belangrijk vinden dat hun kind goed speelt omdat hij ervan kan leren. Ouders zijn eerder geneigd speelgoed voor hun kind te kopen als het speelgoed ook een educatieve waarde heeft. Ook in het onderwijs, de zorg en de hulpverlening wordt spel vooral ingezet om kinderen te stimuleren in en te ondersteunen bij de cognitieve, sociale en motorische ontwikkeling. De onderzoeken, publicaties en methodiekbeschrijvingen die in de loop der jaren in Nederland zijn verschenen richten zich vooral op het gebruik van spel ter ondersteuning van de ontwikkeling (Van Amelsvoort, Bolhuis, Damhuis & Scholten, 2005).
Het moge duidelijk zijn dat het ontwikkelen van competenties niet de drijfveer is voor kinderen om te spelen. Juist wanneer kinderen iets ondernemen om iets specifieks onder de knie te krijgen, krijgt de activiteit een extrinsieke drijfveer en verliest de bezigheid zijn speelse karakter. Zoals kinderen zelf al aangeven: spelen doe je omdat het leuk is, omdat het een plezierig gevoel teweegbrengt.

## 2.2 Spel als verbeelding

In de tweede stroming ligt het accent op het verbeeldende element in het spel (Singer & Singer, 1990). In deze benadering heeft het spel vooral een verwerkende en wensvervullende functie. In zijn spel kan de mens uiting geven aan wensen, driften en emoties die hij in de werkelijkheid niet kan of durft te uiten. Deze benadering vinden we vooral uitgewerkt in de psychoanalytische theorieën waar men spelen zag als een egofunctie (Erikson, 1963; Anna Freud, 1966). Het ego is het deel van de persoonlijkheid dat als taak heeft een uitlaatklep te vinden voor driften en wensen die niet kunnen worden bevredigd. In het spel komen deze driften en wensen toch tot uiting, zij het op een andere, veelal 'verpakte' manier.

> Volgens Freud (1943) beschikken mensen over een psychische energie die hij het libido noemt. Het libido komt voort uit Eros, de levensdrift (denk aan seks, ademhalen, eten). Later voegde Freud hier Thanatos, de doodsdrift, aan toe, die voor agressie en destructie zorgt. Het libido wordt over drie lagen van de persoonlijkheid geleid, over het id, het ego en het superego.
> Het *id* of 'Es' is het deel van de persoonlijkheid dat werkt volgens het lustprincipe en naar directe bevrediging van driften zoekt.
> Het *ego* of 'Ich' werkt volgens het realiteitsprincipe. Het zoekt ook naar bevrediging van driften en wensen maar op een manier die aansluit bij de realiteit.
> Het *superego* of 'Überich' werkt volgens het normprincipe. Dit deel van de persoonlijkheid wordt ook wel het geweten genoemd. Het streeft naar perfectie, naar de ideale ik.
> Het ego is dus het deel van de persoonlijkheid dat bepaalt hoe we omgaan met en reageren op onze omgeving. Het heeft als het ware de taak compromissen te sluiten tussen het id en het superego, daarbij ook nog eens zoekend naar een passende aansluiting op de omgeving.
> Erikson (1963), een leerling van Freud, was vooral geïnteresseerd in de wijze waarop een persoon zich aanpast (of juist niet) aan zijn sociale omgeving en kende een veel grotere betekenis toe aan de ontwikkeling van het ego dan Freud. Volgens Erikson ondervinden mensen tijdens de verschillende levensfasen onvermijdelijk een aantal interpersoonlijke conflicten of crises. De wijze waarop deze crises worden opgelost, bepaalt de uiteindelijke persoonlijkheid van een individu en daarmee de wijze waarop hij met zijn (sociale) omgeving omgaat. Hoe beter het conflict wordt opgelost, des te vitaler wordt het ego. Erikson omschrijft dan ook expliciet hoe het spel van kinderen kan bijdragen aan de ontwikkeling van het ego en daarmee aan een gezondere aanpassing aan de sociale omgeving. Vandaar dat men spel omschrijft als een egofunctie met een verwerkende en wensvervullende functie.
> Ook Piaget (1951) beschreef de verwerkende en wensvervullende

functie van spel maar schreef deze specifiek aan symbolisch spel toe.

In spel kan het kind de wereld invullen en vormgeven naar eigen wil en behoefte. In spel is het kind de baas en is alles mogelijk. Zo kunnen niet-realistische wensen toch worden vervuld op een manier die geaccepteerd en vaak zelfs gewaardeerd wordt door derden.
Buys (1996) geeft een mooie illustratie van spel met deze functie.

Jeroen (4,5 jaar oud) is erg gebonden aan zijn moeder, durft nog nauwelijks contacten aan met kinderen buitenshuis en is daarom erg op zijn zusje Vera (3 jaar oud) aangewezen als spelgenoot.
Vera loopt knorrend rond. 'Ik ben een varken,' meldt ze haar moeder, die het varkentje even liefkozend streelt. De volwassenen in de kamer lachen om Vera. Daarop loopt Jeroen naar haar toe en zegt: 'Dan ben ik de slager'. Hij gaat achter haar staan, met zijn ene arm vast om haar keel, en maakt met zijn andere arm grote snijbewegingen voor haar buik. Vera worstelt om los te komen en samen rollen ze stoeiend en lachend over de grond.

In dit korte spel geeft Jeroen uiting aan de gevoelens voor zijn zusje. 'Ik wil met je spelen en ik wou dat je niet bestond' is de complexe boodschap die hij overbrengt. In plaats van afkeuring om het negatieve deel van deze boodschap, krijgt hij waardering van de volwassenen om zijn creatieve bijdrage aan het spel.

Het spel van Jeroen heeft niet alleen een wensvervullende functie, maar ook een verwerkende functie. Kinderen (en volwassenen) gebruiken het spel ook om situaties waarin ze zich ongelukkig of onveilig voelden te herbeleven en het een andere invulling te geven. Vooral kinderen komen regelmatig in situaties die ze niet goed kunnen overzien. Soms kunnen dit soort situaties hen bijna letterlijk overspoelen, in de zin dat het kind geen greep ervaart op wat er om hem heen of soms zelfs met hem gebeurt. Dit gebrek aan greep en controle wordt vrijwel altijd als onplezierig ervaren. Het spel helpt het kind om deze controle te herwinnen en weer greep op de gebeurtenis te krijgen. In het spel kan het kind immers zelf bepalen hoe het de hem omgevende wereld inricht en definieert. Hiermee kan het ook zijn relatie tot de omgevende wereld herdefiniëren. Doordat het kind in spel een andere relatie tot de wereld heeft, kan het nu een andere positie in deze gebeurtenis innemen, een positie die het meer invloed op het verloop van de gebeurtenis geeft. Dit geeft het kind weer greep op de gebeurtenis.

*Julia (3 jaar) is kort geleden ingeënt. Hoewel ze zich groothield bij de dokter ('ik ging niet huilen'), heeft deze ervaring diepe indruk op haar gemaakt. Julia speelt de dagen erna telkens 'doktertje' maar nu is zij de dokter en deelt zij prikken uit, aan de beer, de pop, haar zusje en aan papa en mama.*

Door de rol van dokter aan te nemen, krijgt Julia een heel andere positie in de situatie. Nu is zij degene die bepaalt wat er gebeurt en wie er wel of niet een prik krijgt. Dit geeft haar weer greep op de gebeurtenis. Ieder mens maakt situaties mee als Julia. Volgens Erikson (1963) is het zelfs noodzakelijk dit soort kleine conflictsituaties door te maken, willen we een gezond zelf kunnen ontwikkelen, en leveren deze gevallen van disbalans met de omgeving juist groei op.
Wanneer er echter heftig controleverlies wordt ervaren, kan dit de sociaal-emotionele groei belemmeren. We spreken in dit soort gevallen van een trauma, een ingrijpende ervaring die zoveel angst heeft veroorzaakt dat een persoon niet onbelemmerd door kan groeien. Ook in deze gevallen kan spel een belangrijke functie vervullen. Onbewust laat de speler zien wat hem bezighoudt. Er wordt in kindertherapie veel gebruikgemaakt van deze functie van spel (niet alleen in de psychoanalytische therapie). Zo zien we bij kinderen die worden misbruikt of mishandeld veelvuldig monsters of andere dreigende figuren in het spel. De speltherapeut helpt het kind in het spel een andere rol aan te nemen (de monsters worden bijvoorbeeld verslagen of in ieder geval opgesloten, zodat ze de spelfiguur niet langer kunnen bedreigen), waarmee het kind op onbewust niveau controle krijgt op de situatie. Dit helpt het kind weer greep te krijgen op zijn omgeving, zodat het niet langer bezet blijft door de negatieve ervaringen en weer verder kan groeien. Kinderen gebruiken deze verwerkende functie van spel ook spontaan om minder traumatische gebeurtenissen, als die van Julia, een plaats te geven.

In deze stroming ziet men de waarde van spel vooral in de mogelijkheid een alternatieve werkelijkheid te creëren. Deze 'spelwerkelijkheid' staat echter niet los van de werkelijkheid buiten het spel en biedt de speler vooral de gelegenheid om zich op een andere manier te verhouden tot zijn omgeving. Deze benadering van spel heeft vooral tot toepassing geleid binnen de (therapeutische) hulpverlening.

## 2.3 Spel als zelfverwerkelijking

Ook in de derde stroming staat de (andere) verhouding tot de wereld in het spel centraal. In deze stroming wordt spel gezien als een geheel eigen en persoonlijke manier van omgaan met de wereld. In de jaren vijftig en zestig van de vorige eeuw kwamen we deze overtuiging veelvuldig tegen in Nederland, met name onder de zogeheten fenomenologen. Vermeer (1955) is de bekendste uitdraagster van deze visie. Vermeer definieerde spelen als 'de wereld op een andere manier tegemoet treden dan op de alledaagse manier' en tegelijkertijd als een 'wijze van in-de-wereld-zijn' (p. 153). In haar visie draagt spel op deze wijze bij aan 'de opbouw van de persoon en zijn contacten met de wereld' (p. 153); ze zag een duidelijke relatie tussen spel en het opbouwen van de persoon. In het spel gaat het kind een relatie aan met de wereld waarin het zijn eigenheid kan ontdekken en ontplooien. We kunnen stellen dat de fenomenologen spel dus als zelfverwerkelijking zien of, voor degenen onder ons die zelfverwerkelijking liever reserveren voor adolescenten en volwassenen, het opbouwen van een zelf.

Vandaag de dag vinden we deze visie met name terug in het werk van Csikszentmihalyi (1975, 1999, 2003). Ook hij zag spelen als een manier om een steviger zelf op te bouwen. In zijn werk neemt het begrip 'flow' een centrale plaats in. Csikszentmihalyi omschrijft flow als een toestand waarin men zich niet meer bewust is van zichzelf en van de wereld om zich heen, maar volledig 'opgaat' in het bezig zijn op zichzelf. Deze toestand treedt op wanneer de uitdagingen die de omgeving aan ons stelt precies in balans zijn met ons kunnen. De uitdagingen vragen onze volledige concentratie en maken ons daarom minder bewust van tijd, van onszelf en van de wereld om ons heen buiten het deel waar we mee omgaan. Dit maakt dat we als het ware even loskomen van onszelf. Sommigen benoemen dit als één worden met de omgeving, het verliezen van ons 'zelf'. Onderzoek van Csikszentmihalyi toonde aan dat mensen die regelmatig dit soort flow-ervaringen hadden zich steviger en gelukkiger voelden. Volgens Csikszentmihalyi leidt het regelmatig hebben van flow-ervaringen tot een steviger ego en groter zelfvertrouwen, tot een complexer zelf: 'Juist deze ontwikkeling van het zelf is de essentie van de flow-activiteit' (1999, p. 106).
Csikszentmihalyi heeft veel onderzoek gedaan naar de aard en functie van deze flow-ervaringen. Hij vroeg schakers, bergbeklimmers en balletdansers deze ervaringen tijdens het schaken, klimmen en dansen te beschrijven. In die beschrijvingen werden telkens opperste con-

centratie en het gevoel van controle genoemd. Daarnaast noemden de bergbeklimmers dat zij door het ononderbroken, steeds vloeiende proces van beweging en balans een gevoel kregen van zelfverlies. Men werd als het ware één met zijn actie (Rost, 1983). Ook de dansers noemden een verlies van zelfbesef en een eenwording met muziek en beweging.

> Rost (1983) vat de zes kenmerken die de door Csikszentmihalyi (1975) ondervraagde proefpersonen noemden tijdens hun flow-ervaringen als volgt samen:
> – samensmelting van handeling en bewustzijn;
> – concentratie van de aandacht op een beperkt stimulusgebied;
> – verlies van zelfgevoel;
> – controle over de activiteit en de omgeving;
> – eenduidige eisen met betrekking tot de handeling en heldere feedback;
> – afwezigheid van externe doelen.
> Hij merkt daarbij op dat deze kenmerken niet los van elkaar staan maar elkaar beïnvloeden en versterken. Zo treedt het gevoel van beheersing met name op doordat men zich slechts hoeft te concentreren op een beperkt stimulusgebied, een gereduceerd realiteitsgebied.

De Nederlandse ontwikkelingspsycholoog Rost ziet een overeenkomst tussen de flow-ervaringen uit het werk van Csikszentmihalyi en de zogenaamde piekervaringen die Maslow (1968) beschrijft. Volgens Maslow bereiken mensen het stadium van zelfactualisatie wanneer ze deze piekervaringen hebben. Ook Csikszentmihalyi stelt dat de flow-ervaringen verrijkend zijn voor ons zelf. De ervaring van volledige beheersing van de wereld om ons heen, maakt dat we ons zelf als het ware overtreffen of, in andere woorden, dat we ons zelf hebben geactualiseerd. Csikszentmihalyi spreekt in dit opzicht van groei van het zelf in de zin dat het zelf gedifferentieerder en meer geïntegreerd raakt door de flow-ervaring.

Volgens Csikszentmihalyi geeft vooral spel deze flow-ervaringen. In de spelwereld hebben we meer invloed en zeggenschap over hoe de wereld eruitziet dan in de werkelijke, niet-spelwereld. We bepalen hier immers zelf de regels en betekenissen. Dit geeft ons de ruimte om de wereld zo in te richten dat ze precies is afgestemd op ons kunnen, wat een flow-ervaring oplevert.

Ridder Jacco uit het eerder genoemde voorbeeld is de jongste van het gezin. Hij kan zich niet goed verweren tegen zijn oudere broers en zusje. In zijn ridderspel kan hij alles naar zijn hand zetten en kan hij de sterkste zijn. Alle tegenstanders worden verpletterend verslagen. Na afloop van het gevecht zit hij met een trots gezicht uit te rusten op de bank. In zijn spelwereld heeft hij volledige beheersing over iedereen.

Dorien heeft geleerd te jongleren met twee ballen. Geconcentreerd gooit ze de ballen in de lucht en vangt ze die weer op. Als haar moeder haar roept om iets lekkers te eten, reageert ze niet. Ze gaat helemaal op in haar balspel. Dagen achtereen doet Dorien niets anders dan jongleren. Je ziet haar telkens handiger worden. Ze geniet van de handigheid die ze krijgt, maar na verloop van tijd lijkt haar concentratie te verslappen. Na een week blijven de ballen in de hoek liggen. 'Wil je niet meer jongleren?' vraagt haar moeder. 'Er is niets meer aan, het is een makkie', antwoordt Dorien. 'Zal ik je leren met drie ballen te jongleren?' vraagt haar moeder. 'Oké', antwoordt Dorien enthousiast. Vol overgave richt ze zich op de nieuwe uitdaging.

Tot nu toe hebben we vooral van spelen gesproken als gedragingen die alleen door kinderen worden uitgevoerd. Het onderzoek van Csikszentmihalyi richtte zich echter vooral op volwassenen. Ook volwassenen zijn regelmatig autotelisch bezig en kunnen daar zo in opgaan dat ze tijdelijk loskomen van de alledaagse realiteit. Daarom weten we allemaal uit eigen ervaring hoe ontspannend spel kan zijn.
Zonder onze geliefde vrijetijdsbestedingen (zo noemen we ons volwassen spel meestal) zou het leven een stuk minder gemakkelijk en aantrekkelijk zijn. Overigens treden de flow-ervaringen niet alleen tijdens spel op. Ook werk wordt als een stuk aantrekkelijker ervaren wanneer het regelmatig flow-ervaringen oplevert.
Een onderzoek van Csikszentmihalyi uit 1975 toonde aan dat op zijn tijd even spelend bezig zijn (dat wil zeggen zonder een specifiek resultaat na te streven) onontbeerlijk is voor een gezond functioneren. In dit onderzoek werd aan proefpersonen gevraagd om 48 uur lang alle activiteiten die niet nuttig, niet-resultaatgericht waren achterwege te laten. Na afloop van het onderzoek gaven de proefpersonen aan dat ze zich extreem geprikkeld, chagrijnig en vermoeid voelden, zich niet

meer konden concentreren en niet flexibel meer konden handelen of denken.

Het onderzoek toonde aan dat mensen, wanneer ze lange tijd bezig zijn geweest met activiteiten die specifieke eisen aan hen stelden (bijv. niet met anderen praten, weinig bewegen, denkwerk), behoefte hebben aan een speelse activiteit die juist tegengesteld is aan deze bezigheid (lekker met anderen kletsen, sporten, fysiek werk). Wanneer mensen overwerkt zijn geraakt, dat wil zeggen te lange tijd te vaak extrinsiek gemotiveerd bezig zijn geweest, krijgen ze van de dokter veelal het advies om vakantie te nemen en eens te doen wat ze zelf graag willen. Ze krijgen het advies om te *spelen*. Regelmatig spelen lijkt noodzakelijk te zijn om effectief en gezond te kunnen functioneren. Op school wordt niet voor niets een speelkwartier gehouden.

## 2.4 Spel en kwaliteit van bestaan

Ondanks de verschillen in visie bij de drie bovengenoemde stromingen kunnen we ook een belangrijke overeenkomst ontdekken. In alle drie stromingen ziet men spel als een middel om je steeds beter te verhouden tot de wereld om je heen. Alle drie stromingen zien spel als een manier om beter greep te krijgen op de omgeving.
In de eerste stroming wordt dit vooral vertaald in het verwerven van steeds betere competenties. In de tweede en derde stroming wordt de waarde van spel in het ontwikkelen van een gezond zelf benadrukt, waarbij de persoonlijke ervaring greep te hebben op de omgang met de wereld een centrale plek heeft.

In de publicaties over de waarde van spel in de begeleiding van kinderen en volwassenen staat de waarde voor de ontwikkeling meestal centraal. Hoewel we deze belangrijke functie van spel zeker onderschrijven, willen we in dit boek vooral de waarde van spel in het ontwikkelen van een gezond zelf benadrukken. In dit boek willen we vooral laten zien hoe spel het gevoel invloed te hebben op de omgeving tot stand kan brengen of kan versterken en daarmee de ontwikkeling van een gezond zelf ondersteunt. In alle drie stromingen zien we dat spel kinderen en volwassenen een gevoel van beheersing kan geven. Juist deze ervaring is het uitgangspunt voor de methode van spelbegeleiding die we in dit boek beschrijven. De ervaring invloed en controle te hebben op de wereld om zich heen, maakt dat de speler zich in evenwicht voelt met zijn omgeving, wat niet alleen een steviger zelf maar ook een emotioneel welbevinden oplevert. In onze visie ligt de waarde van spel in het bijdragen aan een goede kwaliteit van bestaan en aan de ontwikkeling van een gezond zelf. In de laatste twee stromingen wordt de relatie tussen spel en het zelf ook expliciet genoemd. Zowel Erikson als Vermeer en Csikszentmihalyi noemen spel als middel om het zelf te verrijken. In deel 2 van dit boek zullen we beschrijven hoe opvoeders en begeleiders van kinderen en mensen met een verstandelijke beperking het spel zo kunnen begeleiden dat er aan een gezonder zelf gewerkt wordt. Juist bij mensen met een verstandelijke beperking kan het ontwikkelen van een gezond zelf moeizaam verlopen.

## 2.5 Spel in de zorg voor mensen met een verstandelijke beperking

In de zorg en hulpverlening voor mensen met een verstandelijke beperking zien we al steeds vaker toepassingen die gebaseerd zijn op bovengenoemde overtuiging. Door hun een plezierige en zinvolle dagbesteding aan te bieden worden ze gestimuleerd om zichzelf te ontplooien. Steeds vaker wordt spel ingezet als middel om de kwaliteit van leven van kinderen en volwassenen te verbeteren.

Rob is 7 jaar en heeft een ernstige vorm van epilepsie. Als hij een insult heeft gehad, is hij dagenlang van slag en lichamelijk zwaar vermoeid. Rob voelt de insulten niet aankomen, ze overkomen hem van het ene op het andere moment.
In zijn spel heeft hij een grote behoefte aan controle. Hij zet autootjes neer en zegt tegen de spelbegeleidster welke autootjes zij mag pakken en welke niet. 'Ik rijd met de rode auto en jij met de blauwe,' zegt hij. 'Jij mag niet met de rode auto. Kijk, ik rijd met de rode auto. Zie je mij?'
De spelbegeleidster kijkt hoe Rob met zijn rode auto rondrijdt. 'Ik zie jou, je rijdt met de rode auto,' zegt ze. Rob straalt.

In hoofdstuk 4 en 5 zullen we nader uiteenzetten waarom juist mensen met een verstandelijke beperking veel baat kunnen hebben bij spel ter ondersteuning van het opbouwen van een gezond zelf. Uiteindelijk zullen we in het tweede deel van het boek een methode beschrijven die er specifiek op gericht is om door middel van spel het zelf te versterken.
Om dit helder te kunnen doen, is het echter nodig eerst iets te vertellen over de spelontwikkeling.

# De verschillende verschijningsvormen van spel: de spelontwikkeling

Kinderen spelen op veel verschillende manieren. Dit is begrijpelijk, omdat spel de ruimte geeft om je op eigen wijze en naar eigen behoefte tot de wereld te verhouden. Maar niet alleen de eigenheid van een persoon bepaalt hoe hij speelt, ook zijn ontwikkelingsniveau heeft veel invloed op zijn manier van spelen. Spel is niet los te zien van de ontwikkeling van het kind. Ook in het spel kunnen we een aantal ontwikkelingsfasen onderscheiden die van elkaar verschillen doordat het spel er tijdens iedere fase anders uitziet. In dit hoofdstuk zullen we de verschillende verschijningsvormen van spel tijdens de ontwikkeling op een rij zetten.

## 3.1 Verschillende visies op spelontwikkeling

Er zijn verschillende beschrijvingen gemaakt van de spelontwikkeling. Uiteraard staat de spelontwikkeling niet los van de verdere ontwikkeling van het kind, maar ontwikkelt een kind zich op verschillende gebieden: op cognitief, motorisch, sociaal en emotioneel gebied. Er zijn beschrijvingen gemaakt van de spelontwikkeling waarbij men de spelontwikkeling koppelde aan een specifiek ontwikkelingsgebied. Piaget (1951) heeft vooral de nadruk gelegd op de relatie tussen spel en de cognitieve ontwikkeling. Erikson (1963) en Vermeer (1955) legden de nadruk op de relatie tussen spel en de persoonlijkheidsontwikkeling en maakten op grond daarvan een spelindeling. Parten (1932) legde de nadruk op de relatie tussen spel en sociale ontwikkeling, wat weer een andere spelindeling tot gevolg had.

Weer anderen werden geïnspireerd door deze onderzoekers en kwamen op grond daarvan tot weer andere omschrijvingen van spelontwikkeling. Dit had tot gevolg dat er verschillende spelindelingen ontstonden. In dit hoofdstuk zullen we de meest genoemde spelindelingen op een rij zetten. Aan het eind van het hoofdstuk geven we een samenvatting van alle genoemde fasen in de spelontwikkeling. Deze samenvatting kan als richtlijn dienen bij het observeren van het spelontwikkelingsniveau van kinderen.

## 3.2 Spelontwikkeling volgens Piaget

Piaget (1951) heeft het grootste deel van zijn werk gewijd aan het onderzoeken en beschrijven van de cognitieve ontwikkeling van kinderen. In zijn beschrijving van de spelontwikkeling zien we dat duidelijk terug. Piaget heeft zich laten inspireren door Karl Groos (1899), Charlotte Bühler (1928) en F.J.J. Buytendijk (1932). Zij waren de eerste wetenschappers die het spel van kind en volwassene systematisch observeerden en in afzonderlijke speltypen onderbrachten. Bühler observeerde welke spelvorm het meest voorkwam in welke levensfase en kwam tot een eerste beschrijving van de spelontwikkeling.

De indeling van Bühler vormde het vertrekpunt van de spelindeling van Piaget (1951), die op zijn beurt weer de basis is voor veel moderne spelindelingen. Piaget beschreef de spelontwikkeling niet alleen op basis van observaties van vooral zijn eigen spelende kinderen maar ook op basis van de functie die hij specifiek aan iedere spelsoort toeschreef.

Piaget onderscheidt drie verschillende spelsoorten die hij ieder een eigen specifieke ('oefen')functie toekent:
Het *oefenspel* ('practice play') dat zich kenmerkt door herhalen van zintuiglijke en/of motorische handelingen buiten de gebruikelijke context, uitsluitend om het plezier in de handelingen op zichzelf. Een voorbeeld is het telkens open- en dichtdoen van een kastdeurtje. Een kind dat deze handeling nog maar net onder de knie heeft, kan hier zoveel plezier aan beleven dat het open- en dichtdoen alleen al voldoende bevrediging biedt. De handeling wordt daarom steeds herhaald zonder dat er iets uit het kastje gehaald hoeft te worden.
Door dit spel te spelen oefent het kind motorische en zintuiglijke vaardigheden. Het fietsen op een loopfietsje zal bijvoorbeeld de grove motoriek ten goede komen, terwijl met blokken opstapelen de fijne motoriek geoefend wordt. Door voorwerpen in, op of onder andere voorwerpen te plaatsen 'oefent' een kind het inzicht in de relatie tussen voorwerpen. Op die manier worden denkstructuren aangaande deze relaties steeds hechter. Piaget spreekt in dit verband van de

consoliderende werking van spel die maakt dat cognitieve schema's (denkstructuren) steeds hechter worden.

Het *symbolische spel* ('symbolic play'). In dit spel stellen objecten, handelingen en/of personen andere, veelal afwezige, objecten en/of personen voor. Voorbeelden zijn vader-en-moedertje spelen, winkeltje spelen, cowboytje spelen enzovoort.
Door dit spel leert het kind steeds beter dat een voorwerp iets anders voor kan stellen en dat men de concreet waarneembare wereld niet direct nodig heeft om iets duidelijk of mogelijk te maken. Dit verklaart waarom deze spelsoort vrijwel in dezelfde periode op gang komt als de ontwikkeling van taal. In beide gevallen leert het kind symbolen te gebruiken.

*Spelletjes met regels* ('games with rules'). Karakteristiek aan dit spel is dat er competitie plaatsvindt tussen meerdere spelers die zich laten leiden door vooraf afgesproken regels. Deze regels kunnen:
- zelf verzonnen worden: bijvoorbeeld wie het snelst, hinkelend op het rechter been, drie rondjes om de achterste boom kan maken;
- door eerdere generaties zijn overgeleverd: bijvoorbeeld bij knikkeren of touwtje springen;
- door derden verzonnen zijn: bijvoorbeeld bij bestaande gezelschapsspellen.

In spelletjes met regels die vrijwel altijd samen met anderen worden gespeeld, leert het kind regels en codes te herkennen en te hanteren. Deze regels en codes zullen vooral op de sociale wereld betrekking hebben. Maar ook in de materiële wereld leert het kind verder te kijken dan het concreet waarneembare en plannen en strategieën op te zetten.

### 3.2.1 SPELONTWIKKELING EN COGNITIEVE ONTWIKKELING

Piaget zag een sterke relatie tussen de spelontwikkeling en de cognitieve ontwikkeling. De relatie tussen de cognitieve ontwikkeling en de spelontwikkeling kunnen in een schema worden gezet (zie pag. 39). De leeftijden die in het schema staan zijn gemiddelde leeftijden. Sommige kinderen kunnen bepaalde spelsoorten wat eerder spelen dan anderen. Deze leeftijden dienen dan ook met een ruime marge te worden gehanteerd.
De opeenvolging van de verschillende spelsoorten is daarentegen universeel. Het komt slechts bij uitzondering voor dat kinderen een

| Leeftijd | schema's | cognitief stadium | spelsoort |
|---|---|---|---|
| vanaf 3-4 mnd | sensori-motorisch | sensori-motorisch | oefenspel |
| vanaf 2 jaar | symbolisch | preoperationeel | symbolisch spel |
| vanaf 6 jaar | operationeel | concreet-operationeel | spelletjes met regels |
| vanaf 11 jaar | | formeel-operationeel | |

bepaalde spelsoort 'overslaan' of dat een bepaalde spelsoort zich ontwikkelt voordat de voorgaande zich heeft ontwikkeld.
In de theorie van Piaget onderscheiden de verschillende denkstadia zich door een kwalitatief andere manier van denken. Wanneer een kind eenmaal in staat is tot concreet operationeel denken (zie het schema) zal het niet meer op de preoperationele manier denken.
Bij de spelontwikkeling is dat anders. Spelsoorten worden niet vervangen door een nieuw ontwikkelde manier van spelen maar blijven naast elkaar bestaan. Kinderen die symbolisch kunnen spelen, laten nog regelmatig oefenspel zien. Het is dus zo dat kinderen hun repertoire aan spelsoorten uitbreiden naarmate ze zich verder ontwikkelen en niet dat ze oude spelsoorten door nieuwe vervangen.
Overigens leert een kind niet van de ene op de andere dag een nieuwe spelsoort beheersen. Dat gaat stapsgewijs. Piaget onderscheidt binnen de verschillende spelsoorten dan ook substadia. Voor een volledige, gedetailleerde weergave van deze substadia wordt verwezen naar zijn boek *Play, dreams and imitation* (1951).

Volgens Piaget voltrekt de cognitieve ontwikkeling zich via stadia. Naarmate kinderen ouder worden stappen ze steeds een nieuw stadium binnen, dat zich kenmerkt door een kwalitatief andere manier van kennen en denken. Telkens wanneer ze zo'n nieuw denkstadium binnenstappen zien we ook een nieuwe spelvorm verschijnen.
We laten hier een beschrijving volgen van de manier waarop deze ontwikkeling van het kennen en denken verloopt en hoe we deze ontwikkeling terugzien in het spel.
De manier waarop kinderen en volwassenen de hen omgevende wereld kennen en begrijpen wordt bepaald door het type schema's dat ze hanteren. Zo'n schema (Piaget spreekt ook wel van een psychologische structuur) is lastig voor te stellen. Het is niet waarneembaar, maar is af te leiden van de manier waarop kin-

deren en volwassenen met de hen omgevende wereld omgaan. Het is te omschrijven als een bepaald patroon aan de hand waarvan de wereld wordt gekend en begrepen. Dit kan een patroon van handelen of van denken zijn.

Een voorbeeld van zo'n patroon is het grijpschema bij heel jonge kinderen. Wanneer een baby iets ziet, grijpt hij er ook naar. Vaak laat de baby wat hij al in de handjes had daarom vallen. Simpel gesteld zou je kunnen zeggen: voor dit kind is de wereld om naar te grijpen. Het is het patroon om met de wereld om te gaan.

Volgens Piaget kennen heel jonge kinderen de wereld dan ook als iets waar je iets mee kunt doen. Hij spreekt in dit opzicht van gedragsschema's of sensori-motorische schema's. Sensori(sch) betreft de zintuigen, het waarnemen, en motorisch de motoriek, het bewegen. Het kind neemt iets waar en reageert daarop door iets te doen, door een handeling uit te voeren, bijvoorbeeld door ernaar te grijpen.

Soms voeren de kinderen de sensori-motorische acties niet uit om iets te bereiken maar gewoon omdat ze het leuk vinden om op deze manier bezig te zijn. Concreet betekent dit dat zo'n handeling talloze keren wordt herhaald: steeds opnieuw worden de knijpers in de emmer gedaan en er weer uitgehaald.

Volgens Piaget wordt een kind hierdoor steeds vaardiger op zintuiglijk en motorisch gebied. Hij noemt de spelsoort die bij het sensori-motorische denkstadium hoort daarom oefenspel. De kinderen oefenen zich in het gebruiken en op elkaar afstemmen van hun motoriek en zintuigen.

Wanneer een kind iets ouder wordt, verandert het grijpen in begrijpen. Het kind kent de wereld niet langer als iets waar je naar kunt grijpen; het hoeft de wereld zelfs niet meer aan te raken om hem te kennen. Het weet inmiddels wat een bal is, zonder dat het die bal hoeft te pakken. Het weet zelfs wat een bal is zonder de bal te zien. Het heeft als het ware een plaatje in het hoofd van een bal, beschikt over het symbool voor bal. Piaget spreekt in dit geval van symbolische schema's. Op het moment dat een kind over deze schema's beschikt, rond het tweede levensjaar, stapt het een nieuw stadium van de cognitieve ontwikkeling binnen, het preoperationele stadium.

Op dit moment zien we ook een nieuwe spelsoort optreden; het symbolische spel. Het kind gebruikt de symbolen niet alleen om zijn wereld te begrijpen maar ook om die wereld naar eigen behoefte vorm te geven. Een blokje uit de blokkendoos krijgt een nieuwe symbolische betekenis: het is nu een vliegtuig. Zodra het kind symbolische schema's kan gebruiken, gaat het er ook mee spelen.

Symbolische schema's zijn een statische representatie van de wereld. Ze verwijzen naar statische toestanden. Kinderen die de wereld kennen door middel van symbolische schema's houden zich dan ook vast aan concreet waarneembare toestanden. Ze kunnen de extra informatie die voorgaande of volgende gebeurtenissen aan die toestand toevoegen, niet verwerken. Dit is wellicht het duidelijkst waarneembaar bij het beroemde conservatieprobleem dat Piaget bedacht. Conservatie wil zeggen dat stoffen hun eigenschappen als hoeveelheid (massa), volume, gewicht enzovoort behouden (conserveren). Kinderen in het preoperationele stadium kunnen nog niet 'conserveren'. Lisa is hier een voorbeeld van.

> Lisa (4 jaar) is boos. Ze denkt dat het hoge, smalle glas van haar broertje meer limonade bevat dan haar lage, brede glas. Ze kent de wereld, in dit geval de limonade in de glazen, dus vanuit deze statische toestand. Vervolgens giet haar moeder de limonade uit haar lage, brede glas over in eenzelfde hoog, smal glas als dat van haar broertje. Lisa is tevreden. Beide glazen blijken evenveel limonade te bevatten. Ze richt zich nu op deze nieuwe statische toestand. Wanneer haar moeder de limonade weer teruggiet in Lisa's oorspronkelijke, lage, brede glas, begint Lisa te protesteren. Nu heeft ze weer minder dan haar broertje. Lisa richt zich opnieuw op de huidige statische toestand en kan de informatie van haar moeders actie (door Piaget operatie genoemd) niet meenemen in de manier waarop ze de wereld op dit moment begrijpt.

Wanneer kinderen dat wel kunnen, wanneer ze zogenoemde operationele schema's kunnen gebruiken, stappen ze weer een nieuw stadium van de cognitieve ontwikkeling binnen. Piaget noemt dit het concreet-operationele stadium. Kinderen begrijpen nu dat er bepaalde wet- en regelmatigheden in de wereld zijn. De hoeveelheid limonade blijft hetzelfde, onafhankelijk van het glas waarin die zich bevindt. Kinderen die concreet-operationeel denken, zijn in staat regelmaat en regels te begrijpen. We zien er dan ook een nieuwe spelsoort bijkomen: de spelletjes met regels.

In het eerder gegeven schema wordt ook het formeel-operationele stadium weergegeven. In dit stadium beheersen kinderen de operationele schema's zo goed dat de denkoperaties die ze uitvoeren geen enkele directe verbinding meer hoeven te hebben met de concrete werkelijkheid. Ze zijn in staat om abstracte wiskundige vraagstukken op te lossen, hypothesen te formuleren en deze min of meer systematisch te toetsen.

In de spelontwikkeling zien we dit cognitieve stadium niet terug in de zin dat er een nieuwe spelsoort bijkomt. We zien wel dat bepaalde regelspelletjes beter doordacht, met een betere tactiek kunnen worden uitgevoerd. Bij het dammen of schaken kan gemakkelijker een paar zetten vooruit worden gedacht en in het voetbalspel wordt nu misschien een specifieke opstelling bedacht en uitgeprobeerd.

## 3.3 Spelontwikkeling volgens Erikson

Een andere beschrijving van de spelontwikkeling is afkomstig uit de psychoanalytische hoek. Erikson (1963) is een belangrijke vertegenwoordiger van deze stroming. De psychoanalytici beschrijven de spelontwikkeling in relatie tot de ontwikkeling van de persoonlijkheid of, specifieker, de ontwikkeling van het ego (Erikson, 1963). In het vorige hoofdstuk schreven we al dat de psychoanalytici spel als een van de functies van het ego zien. In de spelwereld kunnen kinderen wensen en driften tot uiting laten komen die in de echte wereld onmogelijk of ontoelaatbaar zijn. Het spel van Rick illustreert dit.

Rick is 2,5 jaar oud. Sinds een paar maanden heeft hij een klein broertje. Volgens papa en mama kun je leuk spelen met zo'n broertje. Daarom leek dat kleine broertje hem wel wat. Dat viel tegen. Je moet alleen maar voorzichtig doen met zo'n broertje. Bovendien hebben papa en mama nu veel minder tijd voor Rick. Ze moeten ook voor zijn broertje zorgen. Rick is boos op zijn broertje. Laatst wilde hij hem een tik geven, maar toen werd mama zo boos dat hij bang was dat ze zijn mama helemaal niet meer wilde zijn. Sinds die tijd speelt Rick veel met zijn beer. Het is een stoute beer die mama's wegpikt. De beer krijgt dan ook regelmatig een pak rammel van Rick.

Naarmate kinderen ouder worden, wordt het ego steeds sterker. Het kan steeds beter een uitlaatklep vinden voor de driften en wensen, waarbij rekening gehouden wordt met de eisen van het geweten en van de realiteit. Hierdoor kunnen kinderen steeds beter en zelfstandiger met de hen omgevende wereld omgaan. Volgens Erikson (1963) zie je dat ook in de spelontwikkeling van het kind. Naarmate kinderen zich verder ontwikkelen breidt hun spelwereld zich steeds verder uit. Hij beschrijft de spelontwikkeling dan ook vanuit drie verschillende spelwerelden:

- *Spel in de autokosmische wereld.* In de autokosmische spelwereld staat het spel met en vanuit het eigen lichaam centraal. Dit spel bestaat hoofdzakelijk uit het herhalen van zintuiglijke waarnemingen. Een voorbeeld is het rammelen met een rammelaar.
- *Spel in de microsfeer.* Onder de microsfeer verstaat Erikson (1963) de wereld van hanteerbare dingen. Speelgoed en andere materialen worden nu bewust gehanteerd. Het kind 'gebruikt' het speelmateriaal vanuit eigen wensen en behoeften. Volgens Erikson projecteert het kind wensen en onverwerkte ervaringen op het speelmateriaal. De beheersing van dit materiaal wordt geassocieerd met de beheersing van deze wensen en ervaringen.

Een voorbeeld is een jongetje dat het griezelig vindt wanneer hij alleen gelaten wordt in zijn bedje als hij gaat slapen. In zijn spel moeten de beer, pop, auto's enzovoort ook alleen gaan slapen. Het jongetje speelt dan de ouder die weggaat. In het spel bepaalt hij wanneer iemand weggaat én weer terugkomt. Zo krijgt hij greep op de griezelige ervaring van het alleen gelaten worden.

- *Spel in de macrosfeer.* De macrosfeer definieert Erikson als de met anderen gedeelde wereld. Het kind deelt de spelinhouden uit de autokosmische wereld en microsfeer met anderen. Vader en moedertje spelen, samen van lego een stad bouwen en verstoppertje spelen zijn voorbeelden van spel in de macrosfeer.

Welk spel het kind speelt is dus afhankelijk van de mate waarin het ego van het kind ontwikkeld is. Wanneer het ego nog niet voldoende is ontwikkeld om het spel in een bepaalde sfeer te kunnen spelen, zal het kind terugvallen in spel in een kleinere sfeer. Aldus wordt het ego gesterkt om het opnieuw in een bredere sfeer te proberen.

## 3.4 Spelontwikkeling volgens Vermeer

Een andere indeling in spelvormen is afkomstig van Vermeer (1955). Ook in haar indeling worden verschillende spelwerelden onderscheiden. Hoewel de speltheorieën van Vermeer niet zozeer vanuit een psychoanalytisch maar vanuit een fenomenologisch gezichtspunt zijn geschreven, legt ook zij een relatie tussen spel en de opbouw van de persoonlijkheid. We zien dat terug in haar indeling in verschillende spelsoorten, die zij, net als Erikson, spelwerelden noemt. En ook net als bij Erikson zien we de door Vermeer onderscheiden spelwerelden steeds groter worden naarmate het kind zich verder ontwikkelt. Iedere nieuwe spelwereld onderscheidt zich van de vorige doordat het kind in toenemende mate een eigen invulling geeft aan de omgevende wereld. Vermeer onderscheidt de volgende spelwerelden:

- *Spel in de lichamelijke wereld.* In deze wereld speelt het kind vooral door middel van tasten en aanraken. Het kind speelt over het algemeen met vormloze materialen als zand, water of klei. Deze wereld wordt een heel nabije wereld genoemd in de zin dat de wereld direct gevoeld wordt. Het beleven van de wereld en het eigen lichaam door middel van de zintuigen is kenmerkend voor het spel in deze wereld.
- *Spel in de hanteerbare wereld.* In deze wereld speelt het kind vooral met materialen en laat het zich leiden door de mogelijkheden van de materialen (met een auto kun je rijden, maar je kunt hem ook ergens in doen). Het kind heeft een hanterende omgang met de wereld. Spel is in deze wereld meestal heel bedrijvig.
- *Spel in de esthetische wereld.* De uiterlijke verschijning is heel belangrijk in deze spelwereld. Het spel in deze wereld laat zich meer leiden door de vorm dan door de inhoud. Het aanbrengen van (esthetische) orde is een kenmerk van het spel in deze wereld. Het inrichten van een poppenhuis maar ook dingen construeren valt binnen deze spelwereld. Het spel in de esthetische wereld is heel statisch.
- *Spel in de illusionaire wereld.* Het spel in de illusionaire wereld is daarentegen heel dynamisch van aard. Dit spel is thematisch opgebouwd en heeft een symbolisch karakter. Er worden verhalen uitgespeeld en er komen personages in dit spel voor, waarmee ervaringen en belevingen in symbolische vorm tot uiting worden gebracht. Werd in de esthetische wereld het poppenhuis ingericht, in de illusionaire wereld worden hele scènes gespeeld in het poppenhuis.

Binnen iedere spelwereld onderscheidt Vermeer weer verschillende spelsoorten. Scholten (1985) heeft de theorie van Vermeer vertaald naar het werken met kinderen met een verstandelijke beperking. Scholten heeft in haar beschrijvingen van het spel van deze kinderen de verschillende spelwerelden en bijbehorende spelsoorten in een ontwikkelingsperspectief geplaatst.

### 3.4.1 DE SPELVORMEN VAN VERMEER IN EEN ONTWIKKELINGSPERPECTIEF

In de lichamelijke wereld noemt Vermeer het sensopathische spel. Onder *sensopathisch spel* verstaat zij het spel met ongevormde materialen. 'Lekker kliederen' met zand, water of modder zijn voorbeelden van sensopathisch spel. De zintuiglijke ervaringen staan centraal in deze spelsoort. Scholten noemt naast het sensopathische spel het spelend bewegen als een extra spelvorm binnen de lichamelijke wereld. Het *spelend bewegen* betreft het herhalend bewegen van het lichaam, bijvoorbeeld het wapperen met de handjes, geluidjes maken of 'bellen blazen' of het heen en weer rennen. Ook spel met objecten dat erop gericht is deze objecten te laten bewegen, wordt spelend bewegen genoemd. Een mobile boven de box laten bewegen, een tuimelaartje laten wiebelen of een rammelaar laten rammelen zijn andere voorbeelden van spelend bewegen.

Het spel in de hanteerbare wereld noemt Vermeer *spelend omgaan* met objecten. In dit spel gaat het kind op een manipulerende manier met objecten om. Voorbeelden zijn het stapelen van de afzonderlijke onderdelen van een nestkubus, voorwerpen in elkaar passen. Een andere spelvorm binnen de hanteerbare wereld is het *spelend groeperen*. Dit is spel waarin voorwerpen die bij elkaar horen bij elkaar gegroepeerd worden. Kopjes worden op schoteltjes geplaatst of alle kralen met dezelfde vorm of kleur worden bij elkaar gezocht.

Het spel in de esthetische wereld is er vooral op gericht om dingen mooi en geordend te maken. Spelend vormen en bouwen worden ook wel samengevat onder *spelend construeren* (een tekening of bouwwerk maken) en *spelend ordenen* (een poppenhuis of garage mooi inrichten): de spelvormen die Vermeer binnen deze spelwereld onderscheidt. Scholten (1985) plaatst *imiterend spel* ook onder het spel in de esthetische wereld. Dit is spel waarin kinderen gebeurtenissen uit hun omgevende wereld nadoen, zoals koffie drinken, telefoneren, de pop in bad doen. Hun spel blijft echter dicht bij de werkelijkheid. Ze blijven 'gewoon' zichzelf en ook aan de pop, beer of het serviesgoed wordt geen andere betekenis gegeven dan in het dagelijks leven.

Dat is anders in het spel in de illusionaire wereld. Dit spel omvat het fantasie- en rollenspel. In het *fantasie- en rollenspel* kun je zijn wie je wilt, kun je iedere rol aannemen: vader, moeder, schooljuffrouw, cowboy, noem maar op. Bovendien kun je in het fantasiespel je fantasie de vrije loop geven en laten gebeuren wat jij maar wilt: een bankoverval, een treinreis, een ziekenhuisopname. De wereld om je heen kan ook iets anders voorstellen dan gewoonlijk; een vergiet kan een helm zijn, een bord een stuur, oude vitrage een bruidsjurk.

Scholten voegt ten slotte nog een extra spelsoort toe: de *succes- en gezelschapsspellen*. Dit zijn spellen die je met anderen speelt, of liever, tegen anderen speelt omdat er vrijwel altijd sprake is van een competitie-element. Vermeers spelwerelden beperken zich tot het spel van het individuele kind. Omdat succes- en gezelschapsspel met anderen gespeeld wordt, is deze spelsoort niet echt onder te brengen in een van de spelwerelden.

## 3.5 Recentere beschrijvingen van de spelontwikkeling

Het zal de oplettende lezer zijn opgevallen dat de ontwikkelingsmodellen die we tot nu toe hebben besproken al enige tijd geleden zijn ontwikkeld. Dat neemt echter niet weg dat ze nog steeds actueel zijn en nog altijd een goed hanteerbare beschrijving geven van de verschillende ontwikkelingsstadia binnen het kinderspel. Zowel de indeling van Vermeer (1955) als die van Piaget (1951) wordt nog steeds veelvuldig gehanteerd bij het observeren van spel in diagnostisch en wetenschappelijk onderzoek.
Aan het eind van de jaren zeventig en in het begin van de jaren tachtig van de vorige eeuw is er echter een aantal onderzoeken gedaan met het doel de ontwikkeling van het spel van met name jonge kinderen nog specifieker te beschrijven. Voorbeelden zijn de onderzoeken van Löwe (1977), Fein (1975), Largo en Howard (1979), Belsky en Most (1981), McCune-Nicolich (1981) en van Ungerer en Sigman (1981).

> Het valt buiten de doelstelling van dit boek om al deze onderzoeken en bijbehorende beschrijvingen van de spelontwikkeling te bespreken. Om een indruk te geven van de ontwikkelings-

stappen die je kunt onderscheiden binnen het spel volgt hier de spelindeling van Belsky en Most (1981). Deze indeling is interessant omdat ze een van de meest gedetailleerde is. In deze indeling vinden we vrijwel alle spelstadia die in bovengenoemde onderzoeken worden onderscheiden terug (zij het onder een iets andere noemer).

Belsky en Most onderscheiden de volgende ontwikkelingsstadia:
1 *verkennen*
   Speelgoed verkennen met de mond of met de ogen.
   Voorbeeld: een speeltje in de mond stoppen, erop bijten, of een speeltje goed bekijken.
2 *simpel manipuleren*
   Speelgoed op een willekeurige manier bewegen, aanraken, ermee slaan.
   Voorbeeld: met een blokje op tafel slaan.
3 *functioneel manipuleren*
   Speelgoed manipuleren op een manier waarvoor het bedoeld is.
   Voorbeeld: met een autootje rijden, een rammelaar bewust laten rammelen.
4 *relationeel manipuleren*
   Speelgoed combineren op een willekeurige manier.
   Voorbeeld: een blokje in een kopje doen, knijpers in een doos stoppen.
5 *functioneel relationeel manipuleren*
   Speelgoed combineren op een functionele manier, dat wil zeggen speelgoed combineren dat bij elkaar past.
   Voorbeeld: een kopje op een schoteltje plaatsen, een popje in het poppenbedje leggen.
6 *spelend manipuleren*
   Dit is de overgang tussen functioneel spel en doen-alsof spel.
   Voorbeeld: het kind brengt een kopje naar de mond maar doet niet alsof het slikt en maakt geen drinkgeluiden. Het neemt de hoorn van de haak van de telefoon maar praat niet door de hoorn.
7 *doen-alsof, gericht op zichzelf*
   Losse doen-alsof handelingen, uitgevoerd op of door het kind zelf.

Voorbeeld: het kind doet alsof het telefoneert, alsof het drinkt, eet 'zogenaamd'.
8 *doen-alsof, gericht op de ander*
Losse doen-alsof handelingen, uitgevoerd op of door een andere, veelal 'zogenaamde' persoon.
Voorbeeld: de pop wordt gevoerd, de beer telefoneert.
9 *substitutie*
Objecten stellen iets anders voor of afwezige objecten worden in het spel betrokken.
Voorbeeld: een blokje wordt als auto gebruikt. Door middel van een beweging met de arm en door middel van drinkgeluiden doet het kind alsof het uit een glas drinkt.
10 *doen-alsof sequenties*
Losse doen-alsof handelingen volgen elkaar op in logische sequenties, waarbij nog geen sprake is van substitutie.
Voorbeeld: de pop wordt in bad gedaan, afgedroogd, de tanden worden gepoetst en de pop wordt in bed gelegd.
11 *doen-alsof sequenties met substitutie*
Hier gaat het ook om doen-alsof sequenties maar nu is er wel sprake van substitutie.
Voorbeeld: de pop wordt afgedroogd met een doek die later als deken dient en de tanden worden gepoetst met de vinger als tandenborstel.
12 *dubbele substitutie*
Er vinden meerdere substituties tegelijk plaats in het spel.
Voorbeeld: het kind roert met een potlood in een bak met legoblokjes, waarbij het potlood een lepel en de blokjes macaroni voorstellen.

Belsky en Most hebben onderzocht welke spelcategorieën het meest voorkwamen bij spelende kinderen in de leeftijd van 7 tot 21 maanden. Uit het onderzoek bleek dat de spelcategorie die het meest voorkwam per leeftijd verschilde. Naarmate de kinderen ouder waren, lieten ze de eerstgenoemde categorieën steeds minder vaak zien en kwamen de laatstgenoemde categorieën steeds vaker voor.
In de andere onderzoeken naar de ontwikkeling van het spel van jonge kinderen (zie eerder in deze paragraaf) wordt een soortgelijke ontwikkeling waargenomen. De precieze opeenvolging van de verschillende stadia verschilt echter enigszins van onder-

zoek tot onderzoek. Zo wordt door De Moor en Van Waesberghe (1991) een iets andere volgorde gevonden, terwijl zij toch in grote lijnen van de indeling van Belsky en Most uitgaan in hun onderzoek.

### 3.5.1 DRIE ALGEMENE ONTWIKKELINGSTRENDS IN HET KINDERSPEL

De Finse onderzoekster Lyytinen (1991) heeft verschillende spelindelingen naast elkaar gezet en onderzocht op overeenkomsten en verschillen. Haar onderzoek laat zien dat er, ondanks kleine verschillen, drie algemene ontwikkelingstrends binnen het kinderspel worden gevonden in de diverse onderzoeken. Allereerst zien we dat kinderen hun spel steeds meer op anderen richten naarmate ze ouder worden. In het spel van jonge kinderen staan het eigen lichaam en het kind zelf nog heel centraal terwijl oudere kinderen meerdere personages (in de vorm van poppen, dieren, enz.) en andere kinderen in hun spel betrekken. Ten tweede zien we dat kinderen steeds minder materiaal nodig hebben dat op de 'echte' wereld lijkt naarmate ze ouder worden. Ten derde zien we dat losse speelhandelingen steeds meer geïntegreerd worden tot thematische opeenvolgingen als kinderen ouder worden. Het onderzoek van Lyytinen betreft echter alleen symbolisch spel. Dit komt vooral omdat haar artikel het spel beschrijft van kinderen van 2 tot 6 jaar. Symbolisch spel is favoriet bij deze leeftijdsgroep.

Westby, C.E. (1991) deed eveneens onderzoek naar symbolisch spel. Zij ontwikkelde de Westby Symbolic Play Scale. Daarin wordt de ontwikkeling van symbolisch spel tot in detail beschreven aan de hand van vier kenmerken.

Westby (1991) beschrijft symbolisch spel aan de hand van vier kenmerken:
- *decontextualisatie en objectsubstitutie*
  Decontextualisatie beschrijft zij als het vermogen om een voorwerp ook buiten de oorspronkelijke context te herkennen. In het begin zal een kind een lepel alleen herkennen in de keukenla of bij zijn bord, later ook als het buiten in de zandbak een lepel ziet. Het heeft de vaste omgeving dan niet meer

nodig om de lepel als zodanig te herkennen. Naarmate het kind zich verder ontwikkelt, zal het steeds minder de steun van de omgeving nodig hebben.

Objectsubstitutie betekent dat het ene voorwerp de plaats kan innemen van een ander voorwerp. Er kan afgesproken worden dat een tafel iets anders voorstelt. 'Deze tafel is zogenaamd ons huis.' Naarmate het kind zich verder ontwikkelt, zal het steeds minder steun nodig hebben van concreet en werkelijkheidsgetrouw materiaal. De taal neemt een steeds grotere plaats in.

– *thematische inhoud*
Naarmate het kind zich verder ontwikkelt zal het steeds meer thema's spelen die verder afstaan van zijn dagelijkse leefwereld. In het begin speelt het kind thema's die dagelijks terugkeren zoals eten en slapen, later speelt het thema's die het gezien heeft bij anderen of zelf heeft bedacht.

– *organisatie van thema's*
Naarmate het kind zich verder ontwikkelt is er meer hiërarchisch georganiseerd spel te zien met meer samenhangende en complexe handelingen.

– *zelf-anderrelaties en decentratie*
Symbolische handelingen staan in toenemende mate los van het lichaam. Het kind kan rollen aannemen van anderen en kan anderen betrekken in zijn doen-alsof spel.

### 3.5.2 VEELGENOEMDE STADIA IN DE SPELONTWIKKELING

Er zijn ook onderzoeken naar het spel dat aan symbolisch spel voorafgaat (o.a. Belsky & Most, 1981; Ungerer & Sigman, 1981; Hellendoorn, 1989, 1991; De Moor & Van Waesberghe, 1991). Wanneer we deze onderzoeken inventariseren, zien we dat er in al die onderzoeken ten minste drie stadia worden genoemd die aan het symbolisch spel voorafgaan. Deze stadia kunnen we (naar Belsky & Most, 1981 en Hellendoorn, 1989, 1991) als volgt beschrijven:

1 *simpel manipuleren* met een enkel speeltje, bijvoorbeeld het laten bewegen van een mobile die boven de box hangt;
2 *manipulerend combineren* van meerdere speeltjes, bijvoorbeeld een autootje in een emmertje doen;

3 *functioneel manipuleren of combineren* waarbij speelgoed op de functionele of sociaal gebruikelijke wijze wordt gebruikt, bijvoorbeeld een autootje in de lift van een garage zetten.

In sommige indelingen wordt het 'verkennen' zoals dat door Belsky en Most (1981) wordt genoemd als een aparte categorie beschouwd die aan het simpel manipuleren voorafgaat. We nemen deze categorie bewust niet op omdat dit gedrag volgens de definitie van spel uit hoofdstuk 1 geen speelgedrag is maar exploratiegedrag.

Volgens Lyytinen (1991) kunnen we in het symbolisch spel, dat volgt op bovenstaande categorieën, de volgende stadia in de meeste onderzoeken terugvinden:

4 *doen-alsof handelingen*:
a gericht op zichzelf: doen alsof je iets opeet;
b gericht op een ander: de pop voeren;
c uitgevoerd door een ander: de pop zelfstandig van haar bordje laten eten;
d met substitutie: een tennisbal is de appel die je eet;
e sequenties: het eten wordt eerst bereid, daarna wordt de tafel gedekt en na het eten wordt er afgewassen.

Bovenstaande indeling geeft een handzaam overzicht van de ontwikkelingsstadia die in de meer recente onderzoeken worden gevonden. Enerzijds is het redelijk gedetailleerd, anderzijds beschrijft het categorieën die helder waarneembaar zijn. De indeling biedt daarom uitstekende richtlijnen voor het observeren van speelgedrag.

De indeling is echter niet compleet. Het spel ontwikkelt zich nog verder:

5 *fantasiespel*
Een laatste stap in het symbolische spel is als het kind de sequenties aaneenrijgt tot een echt verhaal en de spelfiguren uitgewerkte personages zijn. De kinderen kunnen deze rol, of vaak ook meerdere rollen tegelijk, zelf uitvoeren ('Jij was de prinses en ik kwam jouw paleis overvallen.' 'Maar toen kwam de ridder om jou te pakken te nemen. Ik ben ook de ridder.') of door poppetjes laten uitvoeren. Dit spel, met een duidelijke verhaallijn en personages, noemen we fantasiespel. Kenmerkend aan het spel is dat de werkelijkheid vaak volledig wordt losgelaten.

6 *spel met regels*
Uiteindelijk komt er nog een spelvorm bij die door Piaget spelletjes

met regels worden genoemd en door Scholten als succes- en gezelschapsspellen wordt omschreven. Overigens kunnen we ook in deze spelsoort een extra differentiatie aanbrengen. Zo blijkt dat kinderen die nog maar net spelletjes met regels kunnen spelen, zich nog heel streng aan de bestaande regels houden. Naarmate ze ouder worden, gaan ze de regels aanpassen of zelf regels verzinnen. Dat gebeurt dan altijd in overleg met de mede- of tegenspelers.

Deze zes categorieën beschrijven uitsluitend het spel met objecten. Het spel met vormloze materialen, het sensopathische spel dat we in de indelingen van Vermeer en Scholten tegenkomen, komt in deze indeling niet voor. Tevens missen we het spelend construeren.

## 3.6 Samenspel: spel en de sociale ontwikkeling

De indelingen hiervoor betreffen het spel van het individuele kind. Een andere ontwikkeling binnen het spel is dat het kind steeds beter leert zijn spel met anderen te delen. Parten (1932) heeft vooral het samenspel van kinderen bestudeerd.
Dit leidde tot een indeling van spelsoorten die niet zozeer de inhoudelijke kenmerken van het spel maar vooral de sociale participatie van kinderen in het spel beschrijft.

> Parten (1932) was vooral geïnteresseerd in de sociale motivatie van mensen, in de neiging van mensen zich aan te sluiten bij en aan te passen aan een groep. Deze sociale motivatie wordt door tal van factoren beïnvloed, zoals gewoonten, gebruiken, zeden, sociale controle en eerdere groepservaringen. Parten wilde de invloed van deze factoren zo veel mogelijk uitsluiten en besloot daarom de sociale participatie bij jonge kinderen te onderzoeken. Haar onderzoek vond plaats in een Amerikaanse 'nursery'. Kinderen die zo'n nursery bezoeken zijn tussen 2 en 5 jaar oud. (In Nederland zijn dit de kinderen die een peuterspeelzaal of groep 1 en 2 van de basisschool bezoeken.) Ze kwam tot de conclusie dat de spontane sociale participatie van de nursery-kinderen het best kon worden geobserveerd wanneer de kinderen aan het spelen waren. We kunnen daarom stellen dat de indeling van Parten in feite een beschrijving is van de ontwikkeling van het samenspel.

Het onderzoek van Parten laat zien dat kinderen stapje voor stapje steeds beter in staat zijn om samen te spelen. Parten onderscheidde de volgende ontwikkelingsstadia binnen het samenspel (zie ook bijlage 2):
- niet-bezig zijn ('unoccupied behavior');
- solitair spel ('solitary play');
- toekijkgedrag ('onlooker behavior');
- parallelspel ('parallel play');
- associatief spel ('associative play');
- supplementair, coöperatief spel ('supplementary, cooperative play').

*Niet-bezig zijn*
Hieronder verstond Parten het niet-speels bezig zijn. Ze vond dit maar weinig in haar onderzoek en zag dit gedrag vrijwel uitsluitend bij de jongste kinderen voorkomen. Kinderen kunnen spelen zodra ze in staat zijn gericht te bewegen. Bij pasgeboren kinderen wordt veel van het handelen nog door reflexen bepaald.

*Solitair spel*
Al enkele maanden na de geboorte is een kind echter in staat de bewegingen enigszins te controleren. Het begint dan ook te spelen. Aanvankelijk speelt het kind heel eenvoudig en alleen. Parten spreekt van solitair onafhankelijk spel. Het kind speelt met eigen speelgoed en trekt zich weinig aan van de kinderen die vlak bij hem met ander speelgoed spelen. Het gaat lekker zijn gang en onderneemt geen pogingen om bij de andere kinderen te komen.

*Toekijkgedrag*
Na verloop van tijd groeit de belangstelling voor andere kinderen. Uit de studie van Parten blijkt echter dat het nog even duurt voor kinderen echt gaan meespelen. Hun interesse voor het spel van de ander is duidelijk doordat ze toekijken hoe anderen spelen. Ze bemoeien zich wel met het spel maar als toeschouwer, in de zin dat ze vragen stellen over het spel of soms zelfs suggesties doen maar doen nadrukkelijk niet mee. Parten noemt dit het stadium van het toeschouwergedrag: de kinderen kijken toe hoe de anderen spelen, geven af en toe commentaar maar spelen niet met de anderen mee.

*Parallelspel*
Het daadwerkelijk meespelen zien we vanaf de peuterleeftijd ontstaan. Jonge peuters zullen vooral nog náást elkaar spelen. Parten noemt dit

parallelspel; de kinderen spelen hetzelfde spel, veelal met hetzelfde materiaal maar ieder voor zich. Ze doen geen pogingen om het spel van de ander te beïnvloeden. In de zandbak van een peuterspeelzaal zie je dit spel veelvuldig optreden. Alle kinderen zijn druk aan het scheppen en graven maar ieder voor zich; de kinderen komen en verlaten het spel weer wanneer ze willen zonder daarmee het spel van anderen te verstoren.

### Associatief spel
Tijdens het derde levensjaar gaan de kinderen ook mét elkaar spelen. Ze betrekken elkaar bij elkaars spel, praten met elkaar over het spel en binnen het spel. Parten spreekt hier van associatief spel. De kinderen spelen elkaar veel na en hebben meestal dezelfde rol in het spel. Wanneer het ene kind in de zandbak besluit dat hij een bakker is die taartjes bakt, is het andere kind ook een bakker en gaan ze samen taartjes bakken.

### Supplementair, coöperatief spel
De laatste stap in de ontwikkeling van het samenspel is dat de kinderen ieder hun eigen rol of taak in het spel vervullen die is afgestemd op de rol of taak van de ander (het ene kind speelt de klant die bij de bakker taartjes komt kopen). Parten noemt dit coöperatief spel en georganiseerd supplementair spel. Vanaf de kleuterleeftijd komt dit spel voor.

Samen spelen is minder eenvoudig dan het op het eerste gezicht lijkt. Het kunnen samenspelen hangt, buiten sociale vaardigheden, ook af van de verstandelijke en emotionele ontwikkeling van het kind. Zo moet een kind begrijpen dat andere kinderen de wereld anders zien, de wereld vanuit een ander perspectief beleven en ervaren dan het zelf doet; het kind moet perspectief kunnen nemen. Ook als een kind coöperatief kan spelen, duurt het nog even voordat het spelletjes met regels kan spelen. Het dient eerst te begrijpen wat regels zijn en hoe je je daaraan moet houden. Daarom duurt het tot kinderen een jaar of 6, 7 zijn voor ze zelfstandig gezelschapsspelletjes met elkaar kunnen spelen. Daarnaast dient een kind emotioneel voldoende ontwikkeld te zijn om met frustratie te kunnen omgaan, zoals bij het verliezen van een spelletje. Ook moet het impulsen onder controle kunnen houden. Het moet niet meteen speelgoed afpakken en moet op zijn beurt kunnen wachten.

Wanneer een kind in staat is om op een bepaalde manier met andere kinderen samen te spelen, zal het ook de 'minder ontwikkelde' vormen van samenspel blijven spelen.

Zo merkten zowel Parten als Smith en Hagan (1980) op dat op de kleuterleeftijd het solitaire spel weer toeneemt. Smith en Hagan stellen dan ook dat bij oudere kleuters het veelvuldig voorkomen van parallelspel een betere graadmeter is voor sociale onbekwaamheid dan het veelvuldig alleen spelen. Bakeman en Brown (1980) merkten op dat parallelspel door veel kinderen gebruikt wordt als een manier om met andere kinderen in contact te komen. Ze vonden in hun onderzoek bij 3-jarige kinderen dat parallelspel een soort 'opwarm'-activiteit is die meestal kort duurt, totdat het kind het samenspel heeft bereikt dat het graag wil spelen. Het lijkt erop dat kinderen die moeite hebben andere kinderen duidelijk te maken dat ze willen samenspelen, blijven steken in het parallelspel.

> Zoals dat bij de meeste theorieën het geval is zijn er verscheidene wetenschappers die wat kanttekeningen plaatsen bij de theorie van Parten. Een belangrijk punt van kritiek wordt geleverd op Partens conclusie dat kinderen pas op peuterleeftijd met elkaar samenspelen. Verschillende onderzoekers zijn van mening dat de sociale vaardigheden van kinderen daarmee onderschat worden. Zo toonde onderzoek van Vandell, Wilson en Buchanan (1980) aan dat baby's vanaf een leeftijd van zes maanden al op elkaar reageren in de zin van naar elkaar kijken en glimlachen en elkaar speelgoed aanreiken. In het onderzoek van Smith en Hagan (1980) werden soortgelijke resultaten gevonden.
> Vandell e.a. plaatsten overigens nog een belangrijke kanttekening bij Partens indeling. Zij toonden aan dat het vóórkomen van samenspel werd beïnvloed door de aanwezigheid van speelgoed. Zo speelden de baby's meer met elkaar wanneer er geen of weinig speelgoed was. De bevinding dat de omgeving het samenspel kan beïnvloeden wordt niet alleen door het onderzoek van Vandell e.a. aangetoond. Rubin, Fein en Vandenberg (1983) noemen verschillende andere onderzoeken die aantonen dat samenspel toeneemt naarmate de speelruimte kleiner is. Als de speelruimte klein is komen ook vaker fysieke spelletjes als stoeien en elkaar achterna zitten voor.
> De mate en manier van samenspel wordt dus door factoren van buitenaf bepaald. Zo bleek dat kinderen eerder met elkaar

samenspelen en veelal ook op een hoger ontwikkelingsniveau spelen wanneer ze elkaar al kennen (Doyle, Connolly & Rivest, 1980). Een andere factor die invloed bleek te hebben op het samenspel is de sociaaleconomische status van de ouders. Rubin, Maioni en Hornung (1976) vonden bijvoorbeeld dat kleuters uit de lagere sociale klassen minder associatief en coöperatief spel en meer parallelspel speelden dan kinderen uit de middenklassen.

Wat deze commentaren vooral duidelijk maken is dat je bij het observeren van samenspel met bovengenoemde factoren rekening dient te houden. Dit geldt zeker wanneer je wilt observeren of het samenspel leeftijdsadequaat is. Deze commentaren ten spijt blijft de indeling van Parten, ondanks haar leeftijd, een bijzonder waardevol instrument voor het observeren van samenspel.

## 3.7 De spelontwikkeling: een geïntegreerde indeling

Dit hoofdstuk laat zien dat de spelontwikkeling op heel veel verschillende manieren, meer of minder gedetailleerd, en vanuit verschillende invalshoeken is beschreven. Dit levert ons enerzijds de ruimte om die indeling te kiezen die het best past bij de reden waarom we naar spel kijken, anderzijds kunnen we erdoor de weg kwijtraken en levert het ons meer verwarring dan duidelijkheid op. Daarom hebben we in deze paragraaf de verschillende spelindelingen geïntegreerd tot één algemene indeling (zie ook bijlage 1). Deze indeling geeft een gedetailleerd en tegelijkertijd handzaam overzicht van de spelontwikkeling. In deze indeling is die van Parten (1932) niet opgenomen. Ervaringen hebben ons geleerd dat de ontwikkeling van het samenspel volledig los kan staan van de individuele spelontwikkeling en daarom afzonderlijk dient te worden geobserveerd.

### Simpel manipuleren/sensopathisch spel (vanaf 3-4 maanden)

Het spelend manipuleren kenmerkt zich door het steeds opnieuw (laten) bewegen van voorwerpen of (delen van) het eigen lichaam. Voorbeelden zijn het rammelen met een rammelaar, bewust geluidjes maken of 'bellen blazen'.

In deze fase zien we ook het sensopathische spel opkomen: het spelen met vormloze materialen als zand en water. Een voorbeeld is het trappelen met de voetjes of met de handjes in het water slaan zodat het spettert.

In deze fase maakt het kind contact met de wereld en ontdekt het zijn eigen lijfje door middel van zintuiglijke beleving.

### Spelend combineren (vanaf ca. 9 maanden)

Deze spelvorm kenmerkt zich doordat het kind verschillende (speel)-materialen combineert. Iets ergens indoen en er weer uithalen is voor veel kinderen een favoriete bezigheid in deze fase, evenals het spelen met actie-reactiemateriaal. Dit is materiaal waarbij het manipuleren van iets een duidelijk effect teweegbrengt. Denk aan speelgoed waarbij er een lichtje gaat branden of een geluidje wordt voortgebracht door op bepaalde knopjes te drukken. Voorbeelden van spelend combineren zijn het stapelen en vooral omgooien van nestkubussen, spel met 'activity centres' maar ook het telkens blokken uit een doos halen en er weer indoen. In deze fase hebben de (mobiele) telefoon en afstandsbediening een grote aantrekkingskracht, vaak tot wanhoop van de ouders.

### Functioneel spel (vanaf ca. 13 maanden)

In de vorige fase had het kind nog geen oog voor de functionaliteit van het speelmateriaal. Nu combineert en gebruikt het kind het materiaal zoals het eigenlijk bedoeld is; een kopje wordt op een schoteltje gezet, een pop in een ledikant gelegd, de auto in de garage geplaatst. Kenmerkend voor deze fase is dat het kind nog niet op een verbeeldende manier met het materiaal speelt. Zo brengt een kind wel een kopje naar zijn mond, maar maakt geen slokbeweging of 'drinkgeluiden', of hij brengt de telefoon naar zijn oor en zegt 'hallo', maar doet niet alsof hij met iemand anders praat.

### Symbolisch spel (vanaf ca. 18 maanden)

In deze spelvorm doet het kind voor het eerst 'alsof'. Voorwerpen krijgen een andere betekenis of er zijn dingen die er in werkelijkheid niet zijn. Zo drinkt hij 'koffie' uit een leeg kopje of maakt hij 'broem-geluiden' bij het rijden met een niet-gemotoriseerde speelgoedauto. In het symbolische spel is een aantal substadia te onderscheiden.

1 *doen-alsof handelingen gericht op zichzelf (vanaf ca. 18 maanden)*
   In deze fase speelt het kind handelingen of activiteiten die het uit eigen ervaringen kent buiten de gebruikelijke context. Zo doet hij alsof hij slaapt, eet, drinkt enzovoort. Kenmerkend is dat de handelingen door de speler zelf worden uitgevoerd. Het kind heeft realistisch materiaal nodig om tot alsof spel te komen.

2 *doen-alsof handelingen gericht op een ander (vanaf ca. 20 maanden)*
   In deze fase, die vrij snel op de voorgaande volgt, speelt het kind ook activiteiten en handelingen die het anderen (papa, mama, crècheleiding) in zijn omgeving ziet uitvoeren. Kenmerkend aan deze fase is dat de alsof-handelingen nu ook bij anderen worden uitgevoerd. Zo krijgt mama ook een hapje en worden de haren van de pop gekamd. De ander heeft daarbij een passieve rol; het kind voert de handelingen letterlijk bíj en niet mét de ander uit.

3 *meer gedetailleerde doen-alsof handelingen gericht op een ander (vanaf 22-30 maanden)*
   De dagelijkse ervaringen worden nu met meer detail nagespeeld. Er worden meer voorwerpen gebruikt. Het kind weet welke materialen erbij horen en zoekt daarnaar of vraagt daarom. Het kind vindt het leuk om het spelmateriaal te ordenen. Alle bordjes op elkaar, alle bekers naast elkaar, enzovoort. Het kind geeft commentaar op de pop. 'Pop slaapt'.

4 *meer opeenvolgende doen-alsof handelingen gericht op een ander (vanaf 30-36 maanden)*
   Het kind speelt nu ook ervaringen die minder vaak voorkomen, ervaringen die prettig zijn of juist onprettig, zoals winkeltje spelen of naar het ziekenhuis gaan. Er zit meer opeenvolging in de handelingen: het kind roert in het beslag, bakt de cake, serveert de cake, eet de cake op. Het kind praat tegen de pop. 'Jij gaat slapen'.

5 *doen-alsof handelingen uitgevoerd door een ander (vanaf ca. 36 maanden)*
   In deze fase krijgt de ander een actieve rol in het spel. De pop eet zelf haar bordje leeg.
   Het kind speelt gebeurtenissen na die het heeft ervaren, maar kan nu de afloop veranderen. Dingen verlopen nu anders dan het in werkelijkheid ging.
   Het kind gaat rollen spelen van moeder, dokter, enzovoort. Het kind kan ook vertellen wat het in spel gaat uitbeelden: 'Ik ga eten koken'.
   Het kan ook samen met een ander kind met hetzelfde materiaal spelen, maar er is nog geen sprake van coöperatief, supplementair samenspel.

6 *doen-alsof handelingen met substitutie (vanaf 3-3,5 jaar)*
   Kenmerkend voor deze fase is dat het kind de daadwerkelijke betekenis van een voorwerp kan loslaten en het een eigen betekenis kan geven. Zo is een tennisbal een appel die je eet en kan een blokje een auto voorstellen. Het kind gebruikt materialen nu los van hun oorspronkelijke context. Concreet betekent dit dat het kind minder afhankelijk is van levensecht of sterk gelijkend spelmateriaal, maar

vooral zijn eigen impulsen en behoeften volgt. Het spel wordt meer geleid door het kind (wat vraag ik van het materiaal?) dan door het materiaal (wat vraagt het materiaal van mij?).
Het kind gebruikt blokken om structuren te maken: huizen, schuren, hekken.
De poppen en andere figuren worden ook actieve deelnemers in het spel. Het kind gaat praten tegen de pop en laat de pop antwoorden. Het kind gebruikt daarbij een speelstem.

7 *doen-alsof sequenties (vanaf ongeveer 3,5 jaar)*
In de voorgaande fasen speelde het kind vaak losse handelingen. Nu worden deze aaneengeregen tot betekenisvolle opeenvolgingen. De pop is ziek, de dokter komt, de pop gaat naar het ziekenhuis, krijgt een prik, de pop wordt weer beter.

Deze en de voorgaande fasen zijn de overgang naar een volgende grote stap in de ontwikkeling.

## Fantasie-/rollenspel en constructiespel (vanaf 3,5-4 jaar)

De inhoud van het spel wordt steeds meer uitgewerkt. Het kind gebruikt nu taal om een spelscène neer te zetten. De volgorde van alsof gebeurtenissen ontstaat niet meer vanzelf, maar wordt voorbereid. De voorbereiding kan zelfs langer duren dan het spel zelf. Het kind zegt bijvoorbeeld dat het kappertje gaat spelen, zet alles van tevoren klaar en zegt dat de klant kan komen. Het kind begrijpt dat een persoon meer dan één rol kan hebben.
Het kind kan tijdens het spel van rol wisselen en kan tussendoor even uit het spel stappen.
Poppen en andere figuren komen tot leven en voeren nu ook een script uit.
De fantasie van het kind wordt leidraad.

Vanaf 5 jaar kan het kind al het materiaal gebruiken zonder de bijbehorende context. Een andere term daarvoor is decontextualisatie (Westby, 1991). Het kind kan bijvoorbeeld winkeltje spelen zonder dat het een omgeving nodig heeft die op een winkel lijkt. Het kind heeft alleen nog maar taal nodig om scènes, rollen en handelingen in het spel neer te zetten. Het kan nu ook gebeurtenissen spelen die het zelf nooit eerder gezien heeft of ervaren. Het kan zijn eigen ervaringen integreren met de kennis van de buitenwereld.
Het kind kan redeneren vanuit wat het waarneemt en kan verwoorden wat het verwacht. Het gebruikt woorden die een tijdsaanduiding aangeven, zoals toen, wanneer, eerst, daarna, voordat.

Het kind kan in deze fase coöperatief en supplementair samenspelen met andere kinderen. Het kan het spelthema aankondigen, de rol van iedereen in het spel benoemen, vertellen wat elk kind moet zeggen en wanneer en waar dat moet gebeuren.

Het spel wordt steeds minder geleid door dagelijkse ervaringen, het krijgt steeds sterker een wensvervullend karakter en staat veel meer los van de dagelijkse werkelijkheid. Ridders en prinsessen zijn geliefde personages in deze fase van de spelontwikkeling en het spel wordt graag gedeeld met anderen die het spel mee mogen vormgeven en invullen.

In deze fase zien we ook het constructiespel opkomen: bouwen, tekenen, knutselen en al het andere spel waarin het kind iets aan het 'maken' is. Ook dit spel vereist dat het kind in staat is tot substitutie of decontextualisatie.

*Spel met regels (vanaf 6 jaar)*

Deze spelvorm kenmerkt zich doordat het met anderen wordt gespeeld en een competitief element in zich heeft (denk aan bordspelen of tikkertje). De computer- en videospelletjes maken het echter mogelijk om deze spelvorm ook alleen te spelen. In feite gaat het kind de competitie aan met de computer.

Vanaf de leeftijd van 6 jaar komt er verdieping van alle spelvormen. Het fantasiespel is vooral populair wanneer het kind een jaar of zeven is. Daarna zien we het langzaam maar zeker minder vaak gespeeld worden totdat het in de puberteit echt verdwijnt (en steeds meer wordt vervangen door dagdromen, door Vygotsky ook wel geïnternaliseerd fantasiespel genoemd.) We willen benadrukken dat de verschillende leeftijden die wij in dit hoofdstuk vermeldden gemiddelde leeftijden zijn. Sommige kinderen zullen al eerder tot bepaalde spelvormen in staat zijn, andere kinderen wat later. Er is dus niet direct reden tot zorg wanneer een kind iets later een specifiek spelontwikkelingsniveau bereikt.

# 4 De ontmoeting met de wereld van mensen met een verstandelijke beperking

Niels zit in zijn rolstoel. Op het blad voor hem ligt een 'activity centre' met verschillende spelmogelijkheden. Een daarvan is een knop in de vorm van een telefoon. Als je op de knop drukt hoor je: 'Hallo, met wie spreek ik?' Niels drukt keer op keer op deze knop. Aanvankelijk verschijnt er een flauwe glimlach op zijn gezicht maar al gauw lijkt zijn aandacht weg te glijden. Toch blijft hij op de knop drukken. Uiteindelijk pakt de groepsleider het speelgoed zuchtend weg. 'Ik word gek van dat geluid', verzucht hij.

Joris speelt in de poppenhoek. De pop wordt naar bed gebracht en krijgt een nachtzoen. 'Welterusten!' roept hij. Even later maakt hij de pop wakker en begint het spel opnieuw. Het spel van naar bed brengen en weer wakker maken wordt eindeloos herhaald. Hij kan er niet genoeg van krijgen.

Clea speelt met een plastic serviesje. Ze heeft de tafel gedekt met een placemat waar een bordje op staat met een mesje aan de ene kant en een vork aan de andere kant van het bord. Er staat ook een kop en schotel en een pot. Met langzame bewegingen schenkt ze de pot leeg in het kopje, dat ze vervolgens naar haar mond brengt. Haar aandacht lijkt echter meer uit te gaan naar de andere kinderen in de kamer dan naar haar eigen spel. Ze maakt geen slikbeweging, maar laat het kopje rusten tegen haar lippen. Dan zet ze het kopje neer en pakt de vork op. Ze schept 'iets' uit het bord en brengt dat met een even trage beweging naar haar mond. Dat herhaalt zich keer op keer. De leidster komt langs. 'Wat ben jij lekker aan het spelen, Clea. Wat eet je?' Clea denkt even na. 'Uh, tomatensoep', antwoordt ze dan. Haar manier van antwoorden verraadt dat ze dit ter plekke verzint.

Tot nu toe hebben we de spelontwikkeling beschreven bij kinderen zonder beperkingen. Er zijn verschillende onderzoeken gedaan vanuit de vraag of de spelontwikkeling van kinderen met een verstandelijke beperking op dezelfde manier verloopt (o.a. Li, 1981; Hellendoorn, 1989; 1990). Dit onderzoek leverde heldere en duidelijke conclusies op. De spelontwikkeling verloopt op dezelfde manier als die van kinderen zonder beperking, maar gaat in een langzamer tempo. Hun spelontwikkeling gaat gelijk op met hun algehele ontwikkeling, die immers ook vertraagd verloopt. Daarnaast zien we dat bij sommige kinderen de spelontwikkeling eerder stopt wanneer het niveau van algemeen functioneren hen belemmert het spel verder te ontwikkelen.

## 4.1 Verschillen in spelgedrag

Toch noemen veel begeleiders van kinderen met een verstandelijke beperking een aantal veelvoorkomende verschillen wanneer ze het spelgedrag van deze kinderen vergelijken met dat van kinderen zonder beperking. Ook door onderzoek (Scholten, 1985; Hellendoorn, 1990) wordt bevestigd dat er verschillen zijn in de manier van spelen.

> Van der Poel en Blokhuis (publicatie in voorbereiding) deden onderzoek naar de spelontwikkeling en spelkwaliteit van kinderen met een verstandelijke beperking. Bij 80 kinderen van ZMLK-scholen en kinderdagcentra werden een intelligentietest en twee speltests afgenomen. De ouders en leerkrachten/begeleiders van ieder kind vulden een aantal vragenlijsten in over het gedrag van het kind.
> Het bleek dat een derde van het aantal kinderen ver beneden hun cognitieve ontwikkelingsniveau speelde.
> Ook bleek de kwaliteit van het spel bij de meeste kinderen lager te zijn dan op grond van hun ontwikkelingsniveau verwacht kon worden.

### 4.1.1 MOEITE OM HET SPEL TOT IETS EIGENS TE MAKEN

Het meest opvallend is dat het spel van kinderen met een beperking over het algemeen minder diepgang heeft. Het spel is minder intens dan dat van het gemiddelde kind. De kinderen zijn minder betrokken op hun spel. De aandacht van Niels en Clea lijkt meer te gaan naar de dingen om hen heen dan naar hun spel zelf.
Ook zien we dat de kinderen minder eigen inbreng leveren aan het spel. Het spel doet vaak wat mechanisch aan. Het lijkt wel aangeleerd. Met name kinderen met het syndroom van Down kopiëren in hun spel

de wereld vaak letterlijk, maar voegen daar weinig van zichzelf aan toe. Clea weet dat het speelmateriaal bedoeld is om mee te eten, maar weet er niet iets eigens aan toe te voegen. Waar een kind zonder beperking vaak allerlei attributen en ideeën aan het spel toevoegt, doet het spel van kinderen met een beperking veelal wat fantasieloos of weinig creatief aan. Clea heeft niet echt bedacht wat ze aan het eten is. Niels weet dat er andere knoppen zijn, maar kiest toch voor steeds dezelfde vertrouwde knop.

Elise, 8 jaar, heeft het syndroom van Down. Ze speelt samen met haar 6-jarige zusje Sophie met Barbiepoppen. Sophie heeft geen verstandelijke beperking. De Barbies gaan op vakantie met een camper. Sophie zorgt ervoor dat de juiste kleren worden ingepakt en zorgt voor eten voor onderweg. Ondertussen rijdt Elise de camper steeds heen en weer. Sophie is klaar met de voorbereidingen. 'Kom', zegt ze tegen Elise, 'we gaan, jij bent deze.' Ze duwt Elise een Barbie in een zomerjurkje in de handen. 'Die wil ik niet', zegt Elise boos. 'Ik wil deze.' Ze pakt een Barbie in een glinsterende prinsessenjurk. 'Zo ga je toch niet op vakantie', antwoordt Sophie geïrriteerd. Elise houdt echter voet bij stuk en Sophie geeft het op. Ze zet de Barbies in de camper en rijdt naar Frankrijk. Elise kijkt toe. 'We zijn er', roept Sophie. Ze pakt haar Barbie en haalt haar uit de camper. Ze spoort Elise aan de hare ook te pakken. Met de Barbie in haar hand kijkt Elise toe hoe Sophie haar Barbie naar het zwembad laat gaan, de picknickmand uitstalt en andere vakantietaferelen laat spelen. Als het zwembad staat, laat Elise haar Barbie ook even een duik maken. Ze imiteert met haar Barbie die van haar zus die lekker zit te eten uit de picknickmand. Haar Barbie komt weinig verder dan heen en weer lopen en af en toe de Barbie van haar zus imiteren.

### 4.1.2 Weinig variatie

Een ander kenmerk van het spel van kinderen met een verstandelijke beperking is dat er veel herhaling is in het spel. Vaak is de omgang met spelmateriaal heel stereotiep en het spelmateriaal wordt over het algemeen minder goed geëxploreerd.
Joris geniet van de herhaling, blijft hangen in dezelfde spelhandelingen. Er is geen variatie in zijn spel te zien.

Als Marieke het keukentje met kookattributen ziet is ze meteen enthousiast. 'Daar kun je mee koken', roept ze blij. Ze pakt een pan en een houten lepel en begint driftig in de pan te roeren. Na enige tijd pakt ze een andere pan en begint daarin te roeren. Na een paar minuten zegt ze: 'Zo. Klaar.' Wanneer ze het keukentje de volgende dag ziet, begint ze vol enthousiasme aan hetzelfde spel, dat ze wederom maar een paar minuten volhoudt.

Kinderen met een beperking lijken houvast te vinden in bekende manieren van omgaan met speelmateriaal, wat hen echter belemmert in het vinden van nieuwe spelmogelijkheden. De kinderen zijn vaak sneller uitgespeeld dan kinderen zonder beperking; de spelduur is meestal korter.

### 4.1.3 MOEITE MET VERBEELDEND SPEL

Daarnaast zien we dat kinderen met een verstandelijke beperking vooral moeite hebben met het symbolische spel, ook wel verbeeldend spel genoemd. Veel kinderen met een verstandelijke beperking moeten geholpen worden met de stap naar het symbolische spel. Ze hebben concreet en levensecht spelmateriaal nodig om tot spel te komen. Ook hebben ze een omgeving nodig die veel overeenkomst heeft met de realiteit. Ze hebben moeite met decontextualisatie (Westby, 1991). Het spelmateriaal moet in een context aangeboden worden die veel overeenkomst heeft met de werkelijkheid.

Op een ZMLK-school heeft een leerkracht een winkeltje in de groep gemaakt.
Om de paar weken verandert de winkel. De ene keer is het een groentewinkel, de volgende keer is het een kledingzaak, dan weer een viswinkel.
Deze keer is het een snackbar. De artikelen zijn zo realistisch mogelijk nagemaakt.
Er is een frituurpan met frietjes en kroketten. Er zijn dezelfde bakjes en zakjes als in de snackbar in het dorp. De kinderen spelen naar hartelust in de winkel. De hele dag wordt er patat gebakken en verkocht. Er is een speciaal zithoekje gemaakt voor de klanten om de etenswaren te 'nuttigen'.
Na een paar weken wordt er minder gespeeld in de winkel. De kinderen blijven hangen in hetzelfde soort spel, vinden het moeilijk om zelf variaties te bedenken.
Als de leerkracht merkt dat de animo om te spelen afneemt, maakt ze een nieuwe winkel met bijna levensechte attributen. Het is nu een slagerij geworden. Het is weer druk in de winkel. Op deze manier blijven de kinderen gemotiveerd om te spelen.

Veel kinderen met een verstandelijke beperking vragen om ondersteuning bij het symbolisch leren spelen. Hellendoorn (1990) heeft een speciaal programma ontwikkeld voor deze kinderen waarin ze stap voor stap leren om de concrete werkelijkheid los te laten en te komen tot symbolisch spel.

Hellendoorn (1990) heeft een spelprogramma ontwikkeld om het verbeeldend spel van kinderen met een verstandelijke beperking te stimuleren. In dit programma worden spelactiviteiten stapsgewijs en met veel herhaling aangeboden. Het kind mag eerst kijken naar een voorbeeld, daarna mag het mee gaan doen en vervolgens wordt het uitgenodigd om steeds meer zelf te gaan doen.
De spelthema's in het programma zijn afgestemd op dagelijkse bezigheden zoals wassen, haren kammen, tanden poetsen, eten en drinken en naar bed gaan.
Eerst wordt het spelmateriaal alleen functioneel gebruikt, later worden verbeeldende elementen ingevoerd.
Langzamerhand worden de verbeeldende elementen uitgebreid en wordt het thema verbonden met andere spelthema's, zodat er een 'spelverhaal' ontstaat.

Bijvoorbeeld: bij het thema 'wassen' doet de spelbegeleider de eerste keer een washandje in een teiltje met water en strijkt daarna met het washandje over het eigen gezicht en dat van het kind. Daarna wordt de activiteit uitgevoerd met een pop. Een volgende keer zit er geen water meer in de teil, maar wordt het kind uitgenodigd om te doen alsof er water in de teil zit. Later wordt er nog een element weggelaten en ontbreekt het washandje. Het kind wordt uitgenodigd om toch te gaan 'wassen'. Vervolgens wordt het spel uitgebreid met meer poppen die 'gewassen' gaan worden.
Daarna worden de spelhandelingen gecombineerd met andere thema's zoals haren kammen, aankleden, enzovoort.

*Verbeeldend spel: een grote stap in de ontwikkeling*
De overgang naar het symbolische, het verbeeldende spel is blijkbaar een grote overgang, gezien de moeite die veel kinderen met een verstandelijke beperking hebben om deze stap te maken. Verbeeldend spel vereist het vermogen tot symbolisch denken.

De overgang van concreet naar symbolisch denken is niet alleen de toepassing van een vaardigheid maar is een reorganisatie van het denken. Symbolisch denken is het vermogen om de directe werkelijkheid te overstijgen, zoals het besef dat een voorwerp kan verwijzen naar iets buiten de context. Het kind moet zich dan innerlijk een voorstelling van iets kunnen maken. Kinderen die zich normaal ontwikkelen, maken deze overgang sneller.

Symbolisch spel vraagt van de speler dat hij de wereld op een bepaald niveau kan begrijpen en zijn ervaringen op een specifiek niveau kan ordenen. Voor veel mensen met een verstandelijke beperking is dat veel gevraagd.

### Het ordenen van ervaringen

Timmers-Huigens (2000) heeft een zeer bruikbare theorie ontwikkeld over de ervaringsordening. Er zijn vier manieren waarop een mens zijn ervaringen en de informatie die op hem afkomt, ordent (Timmers-Huigens, 2000). Deze manieren ontstaan na elkaar in de eerste levensjaren en verdiepen zich tot in de volwassenheid.
Het gaat om:
– de lichaamsgebonden ervaringsordening
– de associatieve ervaringsordening
– de structurerende ervaringsordening
– de vormgevende ervaringsordening.

In de lichaamsgebonden ervaringsordening ervaart en ordent het kind de wereld op grond van wat het ziet, hoort, voelt, proeft en ruikt. Het lichamelijk ervaren staat centraal. Kernbegrip in deze fase is de *sensatie*.
In de associatieve ervaringsordening heeft het kind een gevoel voor vaste patronen. Het kernbegrip in deze fase is *verwachting*. Er ontstaat gewoontevorming. Het kind ontdekt dat er verbindingen bestaan tussen ervaringen: als dit...dan dat.
In de structurerende ervaringsordening komt er een nieuwe dimensie bij. Het kind gaat het verband tussen gebeurtenissen ontdekken, krijgt inzicht in situaties. Tijdsbesef begint te komen, er is een besef van oorzaak en gevolg, van heden, verleden en toekomst. Het kernbegrip in deze fase is *herinnering*.
In de vormgevende ervaringsordening kan het kind iets eigens toevoegen aan bekende structuren. Het kan zelf oplossingen bedenken voor problemen. De eigen creativiteit en fantasie worden zichtbaar in het spel van het kind en in zijn tekeningen. Het kind kan zich verbaal

goed uiten en kan zijn gevoelens verwoorden. Het kernbegrip is *abstractie*.

De stap van associatieve ervaringsordening naar structurerende ervaringsordening is groot. In de lichaamsgebonden en de associatieve ervaringsordening gaat het om *herkenning*, terwijl het in de structurerende en vormgevende ervaringsordening gaat om *begrip* (Blokhuis & Van Kooten, 2006).
Iemand in de associatieve ervaringsordening zal een vaardigheid alleen in vaste, steeds terugkerende situaties kunnen tonen. In een nieuwe, onbekende situatie zal de vaardigheid opnieuw geoefend moeten worden.
Als een vaardigheid gebaseerd is op begrip, zal deze snel in nieuwe situaties toegepast kunnen worden.
Mensen met een verstandelijke beperking ontwikkelen deze manieren van ervaringsordening in een veel langzamer tempo. Velen van hen ordenen hun ervaringen op basis van herkenning, hoewel hun manier van optreden en hun taalgebruik anders doet vermoeden. Een gevolg daarvan is dat ze met name op het gebied van de communicatie snel worden overschat (Blokhuis & Van Kooten, 2006).

*Spel en manieren van ervaringsordening*
We kunnen de manieren van ervaringsordening terugvinden in de spelontwikkelingsniveaus (zie ook bijlage 3).

lichaamsgebonden ervaringsordening:
– simpel manipuleren en sensopathisch spel
associatieve ervaringsordening:
– spelend combineren
– functioneel spel
structurerende ervaringsordening:
– symbolisch spel
– constructiespel
vormgevende ervaringsordening:
– fantasie-/rollenspel
– spelletjes met regels

Het symbolische spel komt pas echt op gang in de fase van de structurerende ervaringsordening. Veel mensen met een verstandelijke beperking blijven hangen in de overgang van de associatieve ervaringsordening naar de structurerende ervaringsordening (Blokhuis & Van Kooten, 2006). Dit kan verklaren waarom de overgang naar het symbolische spel zo groot is voor kinderen met een verstandelijke beperking en waarom zij juist daarin extra ondersteuning nodig hebben.

#### 4.1.4 KIEZEN VOOR EEN VEILIGE OMGANG MET DE OMGEVING

Ten slotte is een veelvoorkomend kenmerk bij kinderen en volwassenen met een verstandelijke beperking dat ze veelvuldig op een lager niveau spelen dan verwacht kan worden op grond van hun cognitieve vaardigheden. Blijkbaar leiden eerdere faalervaringen in de omgang met hun omgeving ertoe dat ze voor een niveau van omgang met de wereld kiezen waarvan ze zeker weten dat ze het (aan)kunnen. Het lijkt erop dat mensen met een verstandelijke beperking zich minder gemakkelijk aan spel durven overgeven. In hun spontane omgang met hun omgeving, wat spelen in feite is, lijken ze te kiezen voor een veilige, vertrouwde manier, een manier die dicht bij de werkelijkheid blijft, steeds dezelfde is en/of op een niveau waarvan ze zeker weten dat ze het aankunnen.

### 4.2 De waarde van spel voor kinderen met een verstandelijke beperking

Samenvattend kunnen we zeggen dat de spelontwikkeling bij mensen met een verstandelijke beperking over het algemeen hetzelfde verloopt als bij mensen zonder beperking maar dat het spel vaak van mindere kwaliteit is dan dat van mensen zonder beperking. In spel is er ruimte om op een eigen, spontane manier met de omgeving om te gaan. Kinderen met een verstandelijke beperking en/of andere ontwikkelingsproblemen zullen zich echter regelmatig incompetent voelen in hun omgang met hun omgeving. Hun beperking en/of bijkomende problemen maken het voor hen lastiger adequaat op de hen omgevende wereld te reageren. Daarnaast is het voor hun omgeving vaak moeilijk om goed in te schatten welke manier van benaderen goed aansluit bij hun mogelijkheden. Als gevolg hiervan zullen kinderen met een beperking veelal weinig eigen inbreng en/of controle ervaren in de omgang met de wereld om hen heen. Heijkoop (1999) beschrijft dat dit weer tot gevolg zal hebben dat ze weinig vertrouwen in zichzelf ontwikkelen. We zien dit terug in de voorzichtige en mechanisch aandoende manier van spelen.

Volgens Csikszentmihalyi is een kind dat speelt altijd in perfecte balans met zijn omgeving. In het spel heeft het kind de ruimte en vrijheid om op die manier en dat niveau met zijn omgeving om te gaan dat precies aansluit bij zijn mogelijkheden en behoeften. Dit levert het kind het gevoel competent te zijn in de omgang met zijn omgeving; een plezierig gevoel dat meestal ook buiten het spel een betere en meer bevredigende omgang met anderen oplevert.

Daarom is het juist voor kinderen met een verstandelijke beperking van grote waarde om goed te kunnen spelen. Juist het spel kan hun de waardevolle ervaring leveren greep te hebben op hun omgeving, een ervaring die zij vaker ontberen dan kinderen zonder beperking. Juist in spel kunnen ze zich competent voelen in de omgang met hun omgeving.

Dit zijn ervaringen die hen volgens Heijkoop helpen een gezond zelf op te bouwen. Tegelijkertijd lijkt het ontbreken van een stevig zelf hun juist in de weg te staan om goed te kunnen spelen. Het spel van kinderen met een verstandelijke beperking is vaak stereotiep en van beperkte kwaliteit, er zit weinig eigens in. Ze weten of durven het spel niet te gebruiken als een manier om hun mogelijkheden en behoeften tot hun recht te laten komen. Ze lijken de souplesse of eenvoudigweg de mogelijkheden te missen om de wereld zo om te buigen dat deze goed aansluit bij hun competenties. Dus terwijl kinderen met een verstandelijke beperking juist goed van het spel kunnen profiteren om een stevig zelf op te bouwen, maakt hun vaak minder ontwikkelende zelf het moeilijk om goed te spelen. Onderzoek van Hellendoorn (1990) en van Van der Pol (2005) laat echter zien dat kinderen met een anders verlopende ontwikkeling wel tot spelen komen wanneer er ondersteuning wordt geboden door een begeleider. Het is daarom belangrijk dat we deze kinderen (en volwassenen) begeleiding bieden bij hun spel, begeleiding die ze echt nodig hebben om een betere kwaliteit van spelen te bereiken. Dan zullen ze de kans krijgen hun zelf beter te ontwikkelen en zich met meer plezier en zelfvertrouwen op de hen omgevende wereld richten, wat hun weer nieuwe ontwikkelingskansen zal bieden.

## 4.3 De waarde van spel voor volwassenen met een verstandelijke beperking

Het zal misschien zijn opgevallen dat we in dit hoofdstuk niet specifiek over kinderen maar over mensen met een verstandelijke beperking spreken. In hoofdstuk 2 hebben we al gezegd dat ook volwassenen spelen, hoewel dit meestal anders genoemd wordt. Volwassenen spélen niet met modeltreinen, maar hebben een hobby. Ze spélen niet met een bal, maar zitten op de voetbalvereniging en doen daar aan sport. Ook volwassenen met een verstandelijke beperking laten diverse vormen van spel zien die door hun omgeving vaak anders worden benoemd.

Maarten tikt overal waar hij komt met zijn vingers op harde oppervlakken. Hij trommelt met zijn vingers op de radiator van de centrale verwarming, op stoelleuningen, op muren.
Hij glimlacht bij het horen van de verschillende geluiden. Zijn begeleiders noemen dit 'dwangmatig gedrag'. Het is hun ontgaan dat dit zogenaamde dwangmatige gedrag Maarten juist veel ontspanning oplevert.

Rogier werkt in een sociale werkvoorziening. Hij heeft een relatie met Marijke, met wie hij al vele jaren samenwoont. Rogier is geïnteresseerd in kabouters. Hij tekent erover, luistert naar verhaaltjes over kabouters, spaart afbeeldingen van kabouters. Zijn vader vindt dat Rogier een meer volwassen hobby moet kiezen. De tijd van kinderspeelgoed is voorbij.

Mirjam is een vrouw van 30 jaar. Ze heeft altijd speelgoedbeesten bij zich. Meestal heeft ze een beer bij zich. De beer is vaak boos, soms bijt hij. Mirjam geeft hem dan straf.
De begeleiders zijn bang dat Mirjam het verschil tussen werkelijkheid en fantasie niet meer kan onderscheiden en vragen zich af of ze hierin begrensd moet worden. Mirjams gedrag wordt ervaren als probleemgedrag. De beer geeft haar echter de mogelijkheid om te zeggen wat ze zonder de beer niet kan.

Juist voor volwassenen met een verstandelijke beperking is dit spel van grote waarde. De verstandelijke beperking brengt vaak met zich mee dat ze zich moeilijk kunnen uitdrukken en daardoor moeilijk aan anderen kunnen overbrengen wat hen bezighoudt. Door middel van spel kunnen ze laten zien wat hen bezighoudt. Van Dijk en Frankhuijzen (1996) benoemen spel als een spreken in symbolen. Het is voor mensen met een verstandelijke beperking meestal te moeilijk om gedachten en gevoelens onder woorden te brengen. Er wordt in de begeleiding van mensen met een verstandelijke beperking erg veel gepraat. Bij mensen die zelf goed kunnen spreken, wordt ervan uitgegaan dat ze ook alles begrijpen. Vooral mensen met een lichte verstandelijke beperking kunnen ons op het verkeerde been zetten door hun imponerende taalgebruik. In de communicatie worden ze daarom vaak overschat. Als er problemen zijn, wordt door begeleiders door middel van gesprekken geprobeerd dingen duidelijk te maken en op te lossen. Deze manier van praten is een vorm van reflecteren en vereist abstract denken, wat bij mensen met een verstandelijke beperking juist minder ontwikkeld is.

Om goed in te kunnen schatten wat hen bezighoudt, is goed kijken naar hun gedrag een vereiste. Ook om hen te stimuleren in hun spel, zodat ze op die manier in beeld kunnen brengen wat voor hen belangrijk is. Vervolgens kunnen we hen daarin ondersteunen en bevestigen, waardoor ze meer zelfvertrouwen krijgen.

Gerard is een man van 24 jaar. Hij wil graag normaal zijn zoals anderen en eruitzien als anderen van zijn leeftijd. Hij wil net als anderen zelfstandig zijn, terwijl hij eigenlijk veel steun en begeleiding nodig heeft. Gerard is vaak gespannen. Hij wil stoer zijn, maar heeft eigenlijk behoefte aan veiligheid en bevestiging. Deze verschillende behoeften brengen hem in de war. Hij is eigenlijk op zoek naar wie hij is en wat hij kan.

Gerard tekent en schildert graag. Het liefst tekent hij wegen, fietspaden en verkeersborden. De borden geven de richting aan waar de mensen heen kunnen en laten zien wat wel en niet mag. Dit komt overeen met zijn eigen behoefte aan overzicht en duidelijkheid. Gerard kan lang met tekenen bezig zijn, hij heeft er veel plezier in en het geeft hem rust.

Door Gerard de ruimte te geven om op zijn eigen manier te tekenen en te schilderen, krijgt hij de ervaring greep te hebben op zijn omgeving. In zijn tekeningen is overzicht en voorspelbaarheid. Hij heeft daar zelf de regie bij. Deze ervaring kan hem helpen om ook de uitdagingen in het dagelijkse leven met meer zelfvertrouwen aan te gaan.

## 4.4  Spel en levensverhaal

Volwassenen hebben vaak een leven achter de rug waarin ze veel hebben meegemaakt. Graag willen ze hun ervaringen en gevoelens delen met anderen. Ook mensen met een verstandelijke beperking hebben de behoefte om hun ervaringen te delen. In hun levensverhalen zijn dezelfde thema's te herkennen als in de verhalen van mensen zonder beperking. Het is voor hen echter moeilijk om dat zelfstandig te doen. Ze hebben daarbij de ondersteuning van derden nodig. Van Dijk en Frankhuijzen (2001) geven aan dat mensen met een lager cognitief en emotioneel ontwikkelingsniveau de nabijheid en aanvulling van hun begeleiders nodig hebben om hun verhaal te kunnen doen. Spelmaterialen of andere, veelal symbolische, voorwerpen kunnen daarbij een grote communicatieve waarde hebben.

*Michiel woont al jaren in een woonvoorziening. Hij komt daar imponerend over en gebruikt stoere taal. Michiel is dol op zijn vader, met wie hij een hechte band heeft. Af en toe gaat hij bij zijn vader op bezoek.*
*Michiel heeft sinds kort een speelgoedautootje dat hij altijd bij zich heeft, in zijn zak. Op een dag komt een begeleider daarover in gesprek met hem. Michiel vertelt dan dat dit autootje dezelfde is als de auto die bij het huis van zijn vader staat, tijdens de verbouwing. Op die manier wordt duidelijk hoe Michiel zijn vader mist en hoe hij de verbinding met zijn vader letterlijk in zijn broekzak moet kunnen voelen.*

Mensen met een hoger cognitief en emotioneel ontwikkelingsniveau kunnen hun verhaal uitspelen met behulp van allerlei spelmaterialen. De begeleider kan hen helpen om woorden te geven aan wat ze hebben uitgebeeld.

*Bianca speelt met het poppenhuis. Een poppetje, dat ze moeder noemt, is in de keuken bezig. Twee andere poppetjes zijn in de kamer naast moeder. Een derde poppetje is in een kamer op de bovenste verdieping. 'Die mag niet beneden komen, want ze kan het niet alleen. Dan maakt ze alles stuk,' zegt Bianca. 'en moeder kan nu niet op haar letten, want ze moet koken.'*

Onbewust geeft Bianca ons inzicht in de manier waarop er thuis met haar beperking wordt omgegaan.
Op deze manier kunnen gebeurtenissen uit het verleden nagespeeld, verteld en verwerkt worden.

## 4.5 Het spel van mensen met een verstandelijke beperking

Samenvattend zien we dat het spel van mensen met een verstandelijke beperking toch verschilt van dat van mensen zonder beperking in de zin dat ze minder maar vooral met minder betrokkenheid en variatie spelen. Het spel lijkt hun niet de bevrediging en uitdaging te bieden die het mensen zonder beperking oplevert. Het lijkt erop dat ze het moeilijker vinden om de spontane omgang met de wereld die het spelen in zich draagt vorm te geven. Tegelijkertijd kan het spel hun juist de mogelijkheid bieden om de wereld op een positieve manier te ontmoeten. Daartoe hebben ze echter ondersteuning nodig, een begeleiding die hen helpt de wereld zo te (durven) ontmoeten dat er plezier en bevrediging wordt ervaren. Deze ontmoetingen maken vaak dat het kind of de volwassene ook buiten het spel actiever en alerter op zijn omgeving reageert. Zoals bij Susanne in het volgende hoofdstuk.

# Spel: een manier om de wereld te ontmoeten

5

Susanne is een meisje van 14 jaar. Ze heeft naast haar verstandelijke beperking ook ernstige lichamelijke beperkingen. Ze zit in een rolstoel, is snel moe. Ze spreekt in korte zinnen, kan haar hoofd en armen maar in beperkte mate bewegen. Zowel praten als bewegen kost haar veel moeite. Het is onduidelijk wat haar ontwikkelingsniveau is, omdat ze niet getest kan worden.

De begeleiders in de woonvoorziening klagen dat Susanne zo passief is. Ze reageert amper op het aangeboden spelmateriaal (snoezelmateriaal). Wel reageert ze alert als je tegen haar praat. Ze geniet van aandacht. Ze kan verbaal heel bijdehand reageren, maar in haar spel is ze passief en lusteloos. Er ontstaat discussie over de vraag of Susanne verwend is omdat ze veel aandacht vraagt en zichzelf niet kan vermaken.

De orthopedagoog besluit om individueel met Susanne te gaan spelen om te onderzoeken wat haar ontwikkelingsniveau is en welke manier van spelen bij haar aansluit.

Door haar motorische beperkingen kan Susanne zelf het spelmateriaal niet goed vasthouden. De orthopedagoog ondersteunt haar daarom fysiek bij de spelhandelingen, waarbij hij zich laat leiden door wat Susanne aangeeft. Zíj heeft de regie.

Samen houden ze de barbiepop vast en samen kammen ze het haar van de pop. Susanne geeft aan wanneer het genoeg is en wat ze daarna wil doen. Ze geniet het meest van het kammen en 'optutten' van de pop.

Uit het spel met de orthopedagoog blijkt dat Susanne in staat is tot symbolisch spel en zelfs korte scènes na elkaar kan spelen. Hiermee geeft ze aan dat ze in staat is tot spel dat past bij een ontwikkelingsleeftijd van ten minste 3 jaar.

In de groep was men uitgegaan van een ontwikkelingsniveau van maximaal 1 jaar, in verband met haar geringe zelfredzaamheid. Om die reden bood men haar spelmateriaal aan dat bij die ontwikkelingsleeftijd past: rammelaars, belletjes en knuffelbeesten.

Na het individueel spelen met de orthopedagoog verandert Susannes gedrag. Ze vraagt regelmatig of ze weer mee mag om te spelen. Ze wordt actiever en geeft duidelijker aan wat ze wel en niet leuk vindt als je haar iets aanbiedt.

Omdat Susanne heeft ervaren dat ze met hulp van de orthopedagoog op haar niveau met haar omgeving om kan gaan, wordt de drijfveer om actief met haar omgeving om te gaan, sterk aangewakkerd. De omgeving krijgt hierdoor de kans om beter bij haar behoeften aan te sluiten en haar meer uitdaging te bieden.

Susanne toont een duidelijke voorkeur voor het kammen en 'optutten' van de poppen. Dit is een spelvorm die graag gespeeld wordt door meisjes met een ontwikkelingsleeftijd van 3 jaar en ouder. Maar er is nog een ander belangrijk aspect. Susanne is een meisje van 14 jaar met twee oudere zussen. Deze zussen vinden het leuk om zich mooi te maken en zijn geïnteresseerd in jongens. Het spel van kammen en mooi maken is ook de verbinding van Susanne met haar zussen en haar omgeving. Het biedt haar de mogelijkheid om mee te doen aan deze wereld en voorziet dus in de behoefte van een meisje van 14 jaar, met of zonder beperking.

De groepsleiding heeft voor Susanne een kappop aangeschaft, en daar speelt ze graag mee. Dit spel vermoeit haar echter snel en ze kan het daarom maar korte tijd volhouden. Ze vindt het echter ook heerlijk om zelf opgemaakt en gekapt te worden. Daarnaast kijkt ze graag naar videofilms van Disney waarin prinsessen hun droomprinsen vinden.

Nu Susanne op haar niveau met de wereld kan omgaan, is ze ook actiever in het zoeken van interactie met de omgeving. We zien dat de positieve ontmoeting met de wereld die ze had in het spel haar uitdaagt tot nieuwe ontmoetingen die haar de mogelijkheid bieden zich verder en beter te ontwikkelen.

## 5.1 Het zelf bij mensen met een verstandelijke beperking

In de dagelijkse omgang met mensen met een verstandelijke beperking wordt er vanzelfsprekend van uitgegaan dat deze mindere drijfveer om te spelen een van de (bijkomende) kenmerken is van de beperking. Het is de vraag of dat inderdaad zo is of dat de mindere drijfveer een gevolg is van het feit dat het spel hun minder bevrediging biedt dan kinderen zonder beperking.

Door de complexiteit van haar problematiek (naast haar verstandelijke beperking heeft Susanne regelmatig absences en kost het spreken haar enorm veel energie) schatten haar begeleiders haar niveau van functioneren veel te laag in. Hierdoor verveelde Susanne zich zó dat ze 'lastig' gedrag ging vertonen. In feite was haar 'lastige' gedrag een roep om haar omgeving dusdanig in te richten dat deze weer aansloot bij haar competenties. Susanne probeerde op deze manier invloed uit te oefenen op haar omgeving. Hiermee liet zij een sterke wilskracht zien en een roep om autonomie. Ze liet haar eigenheid, haar zelf zien. Helaas zien we bij een grote groep mensen met een verstandelijke beperking dat zij deze roep om autonomie hebben verloren. Deze mensen lijken weinig zelfbesef te hebben, niet te ervaren dat ze invloed kunnen uitoefenen op hun omgeving of geen zelfvertrouwen te hebben: geen geloof in eigen kunnen.

## 5.2 Een gezond zelf ontwikkelen

Verschillende onderzoeken tonen aan dat de ontmoeting met de omgevende wereld een essentiële invloed heeft op de wijze waarop een persoon zijn latere interactie met zijn omgeving vormgeeft. In haar onderzoek naar gehechtheid en de invloed van deze op de latere ontwikkeling van personen, vond Riksen-Walraven (1977) hoe essentieel de reactie van de omgeving is voor het ontwikkelen van autonomie en competentiegevoelens. Kinderen waarop sensitief werd gereageerd, zochten vaker vanuit zichzelf contact met hun omgeving. Ze voelden zich competent in de omgang met de hen omgevende wereld, wat hen op hun beurt weer uitnodigde tot autonoom handelen. De bekende antropologe Mead (1934) veronderstelt zelfs dat de ontwikkeling van een zelf, het besef dat je bestaat als autonoom individu, uitsluitend mogelijk is doordat anderen op je reageren. Doordat er op een kind gereageerd wordt, ervaart het dat het bestaat. Een kind waarop niet wordt gereageerd, zal de eigen individualiteit niet ontdekken, zal zich geen eigen zelf kunnen vormen. Er is geen eigenheid.

Er is vanuit verschillende disciplines veel gefilosofeerd en geschreven over het eigene van de mens en onderzoek verricht naar (de ontwikkeling van) het zelf en/of zelfconcept. (o.a. James, 1950; Erikson, 1963; Damon & Hart, 1982; Shantz, 1982; Harter, 1983; Csikszentmihalyi, 1999). In deze veelheid aan literatuur en onderzoek worden verschillende termen gebruikt om de mens als autonoom individu te omschrijven. We vinden termen als het ik, ego, zelf, eigene en identiteit, die vaak naast elkaar en door elkaar gebruikt worden. Daarnaast worden begrippen als het 'ik' en het 'mij', het objectieve zelf en het subjectieve zelf, het zelfconcept en het zelfbeeld, zelfbeschrijving, zelfwaardering en zelfvertrouwen op naar ons idee niet-consequente manier gehanteerd door de verschillende deskundigen. We hebben daarom gekozen voor een eigen terminologie die soms verschilt van de terminologie van denkers en onderzoekers op dit terrein.

Wij omschrijven het zelf als het zijn van een uniek en autonoom individu met eigen, specifieke kenmerken en kwaliteiten.
In de ontwikkeling van een gezond zelf kunnen we twee verschillende aspecten van het zelf onderscheiden: het subjectieve zelf en het objectieve zelf (Boyd & Bee, 2006).
Het kind moet ontdekken dat het een eigen zelf heeft en een beeld van zichzelf opbouwen. Het moet dus eerst ontdekken *iemand te zijn*, ofwel een zelfbesef ontwikkelen en daarna ontdekken *wie hij is*, ofwel een zelfbeeld opbouwen.

### 5.2.1 HET SUBJECTIEVE ZELF

De eerste stap in de ontwikkeling van het subjectieve zelf is de ontwikkeling van een zelfbesef, ervaren een autonome entiteit te zijn. Daartoe dient het kind allereerst te beseffen een separaat individu te zijn, los van de ander te bestaan. Mahler (1975) beschrijft heel mooi hoe een kind stapsgewijs tot een eigen zelf komt in haar separatie-individuatietheorie. Een belangrijke stap hierin is de separatie van de ander (in de theorie van Mahler gaat het hier om de separatie van de moeder). Dit doet een kind onder meer door letterlijk waar te nemen dat hij los van de ander bestaat. Hij ziet en voelt dit niet alleen, maar ervaart dit ook doordat er op hem wordt gereageerd als hij iets doet. Het kind merkt na verloop van tijd dat er iets gebeurt wanneer het huilt of juist lacht of tegen iets aanslaat. In vele verschillende studies van de babytijd wordt benadrukt hoe belangrijk het is sensitief en consequent op het jonge kind te reageren. Hierdoor ervaart het kind dat het bestaat.

Stel je voor: je bent in een ruimte met veel mensen en er wordt consequent niet gereageerd wanneer je contact maakt met anderen. Je zult op een gegeven moment gaan twijfelen of je überhaupt wordt opgemerkt, of je wel bestaat. Een mens bestaat bij de reactie van de ander.

De eerste stap in de ontwikkeling van een gezond zelf is dus de ervaring iemand te zijn: te ervaren dat je bestaat. Dit wordt ook het verwerven van een *subjectief zelf* genoemd (Boyd & Bee, 2006).

De volgende stap is te ervaren dat je autonoom kunt handelen, dat je zelf zaken kunt laten gebeuren. We noemen dit het ontwikkelen van autonomie, het bewust zelfstandig handelen. Het kind is in de peuterleeftijd vooral bezig met het ontwikkelen van deze autonomie. 'Ik doen', 'is van mij' zijn veelgehoorde kreten op deze leeftijd. Het kind ontwikkelt autonomie doordat het ervaart zelfstandig effecten teweeg te kunnen brengen. Hoe moeilijk het soms ook voor de opvoeders is (deze fase wordt niet voor niets 'the terrible two's' genoemd), het is belangrijk het kind de ruimte te geven om zijn autonomie te ontdekken, het inderdaad dingen zelf te laten uitproberen, al gaat het veel minder efficiënt en op een andere manier dan de opvoeder voor ogen had.

### 5.2.2 HET OBJECTIEVE ZELF

Een tweede aspect in de ontwikkeling van het zelf is het opbouwen van een zelfbeeld. Als het kind zich bewust is geworden van zijn zelf, gaat het ook naar zichzelf verwijzen, eerst door zijn naam te noemen en later door voor het eerst kenmerken van zichzelf te noemen. We kunnen zeggen dat het kind eerst een zelf dient op te bouwen en dit zelf vervolgens dient te vullen. Na te hebben ervaren 'ik ben' is er de vraag 'wie ben ik?'. Men spreekt ook wel van het opbouwen van een intern model van het zelf. De unieke combinatie van karakteristieken maken ons tot wie we zijn, vormen onze eigenheid. Stap voor stap ontdekt het kind zijn eigenheid, welke eigenschappen hem karakteriseren.

> De ontwikkeling van het bewust worden van het zelf wordt ook wel de ontwikkeling van het zelfconcept genoemd. Onderzoek naar het zelfconcept van Damon en Hart (1982) leverde de volgende ontwikkelingslijn op:
> - De peuter beschrijft zichzelf vooral fysiek: ik ben een meisje, ik ben heel groot.
> - De kleuter beschrijft zichzelf daarnaast ook actief: ik houd van zwemmen, ik zit op een voetbalclub.

- Bij kinderen vanaf ongeveer 8 jaar komen de sociale kenmerken erbij: het kind gaat zijn eigen prestaties vergelijken met die van anderen.
- Vanaf ongeveer 10 jaar voegen de kinderen er ook psychologische kenmerken aan toe: ik ben iemand die veel over dingen nadenkt, zich snel zenuwachtig maakt.

Tijdens de peuter- en kleuterleeftijd ontdekt het kind langzaam maar zeker wat hem karakteriseert en waarin hij zich onderscheidt van anderen. Aanvankelijk zijn deze karakteristieken puur beschrijvend van aard, zoals 'ik heb rood haar', 'ik ben een meisje', 'ik ben drie jaar'.
Tijdens de basisschoolleeftijd kent het kind ook meer en meer een waardering of oordeel aan het zelf toe. We spreken dan van de zelfwaardering: 'ik ben de moeite waard, ik mag er zijn'. De vraag 'wie ben ik?' wordt aangevuld met de vraag 'hoe (goed) ben ik?'. Kinderen die veel te horen krijgen dat ze iets niet goed doen of niet de moeite waard zijn, zullen een negatieve waardering of negatief zelfbeeld opbouwen. Vroeg verworven overtuigingen over het zelf zijn vaak stevig geworteld en op latere leeftijd moeizaam om te zetten in andere overtuigingen. Daarom is het van groot belang dat het kind tijdens zijn vroege jeugd hoort en voelt de moeite waard te zijn. Ook de ervaringen in de omgang met leeftijdgenoten kunnen de zelfwaardering van een kind sterk beïnvloeden.

### 5.2.3 ZELFVERTROUWEN

Een derde aspect in de ontwikkeling van een gezond zelf is te durven vertrouwen op het eigen zelf: er geloof in hebben dat je daadwerkelijk zaken op een goede manier teweeg kunt brengen. Een veelvoorkomend probleem bij mensen met een verstandelijke beperking is een gebrek aan zelfvertrouwen. Een gebrek aan zelfvertrouwen kan zijn ontstaan doordat een van de genoemde ontwikkelingstaken niet goed is vervuld. Zo kan een gebrek aan zelfvertrouwen zijn ontstaan doordat:
- je niet hebt ervaren dat je een eigen zelf hebt, als zelfstandige entiteit bestaat (geen zelfbesef);
- je niet hebt ervaren dat je zelf zaken teweeg kunt brengen (gebrek aan autonomie);
- je niet weet wie je bent en wat je kunt (geen zelfbeeld);

- je vindt dat je niet de moeite waard bent, iets niet goed kunt (gebrek aan zelfwaardering, ook wel negatief zelfbeeld genoemd).

Een gebrek aan zelfvertrouwen kan dus verschillende oorzaken hebben.

Samengevat: de volgende gebieden zijn te onderscheiden in de ontwikkeling van een gezond zelf:
1 zelfbesef: 'ik besta': ik ben iemand, los van de ander;
2 autonomie: 'ik doe dit': ik kan zelfstandig met de wereld omgaan;
3 zelfbeeld: 'ik ben dit': dit kenmerkt mij;
4 zelfwaardering: 'ik ben de moeite waard': ik mag er zijn, men vindt mij goed/lief.

Bij mensen met weinig zelfvertrouwen zien we vaak dat de ontwikkeling van het zelf op een of meer van deze gebieden niet optimaal is verlopen.

> De ontwikkeling van het zelf
> 
> Het subjectieve zelf: 'ik ben':
> - zelfbesef: ik besta;
> - autonomie: ik doe dit, ik heb invloed op mijn omgeving.
> 
> Het objectieve zelf: 'wie ben ik':
> - zelfbeeld: dit ben ik, dit kenmerkt mij;
> - zelfwaardering: ik ben de moeite waard.

## 5.3 Spel ter ondersteuning van de ontwikkeling van een gezond zelf

In de ontwikkeling van een gezond zelf heeft de ontmoeting met de omgevende wereld vitale invloed. De ervaring invloed te kunnen uitoefenen op de omgeving is noodzakelijk om zelfbesef en autonomie te kunnen ontwikkelen.

### 5.3.1 DE PERFECTE BALANS TUSSEN UITDAGING EN COMPETENTIES

Succeservaringen in de omgang, of liever een gevoel van controle in de omgang is nodig om een positief zelfbeeld te kunnen opbouwen. Wanneer we veel invloed en controle ervaren in de omgang met onze omgeving, voelen we ons competent, hebben we vertrouwen in onszelf. Uit onderzoeken van Csikszentmihalyi (1999) bleek dat mensen

die regelmatig ervaringen hadden van ultieme controle in de omgang met de buitenwereld, een positiever zelfbeeld hadden dan mensen die deze ervaringen weinig of niet hadden. Csikszentmihalyi noemt expliciet dat de beleving van controle daarbij van essentieel belang is. Deze ervaringen, de eerder genoemde flow-ervaringen, komen niet zozeer tot stand wanneer de eisen van de omgeving aansluiten bij onze feitelijke vaardigheden maar bij de door ons beleefde vaardigheden. Hij schrijft: 'Ons gevoel wordt niet zozeer bepaald door de vaardigheden die we feitelijk hebben maar door de vaardigheden de we denken te hebben'. Ook Heijkoop (1999) benadrukt dat het er vooral om gaat of mensen met een verstandelijke beperking invloed ervaren en noemt dat dit gevoel van invloed hebben essentieel is voor de ontwikkeling van het zelf.
Een spelend kind gaat op zo'n manier om met zijn omgeving dat deze precies past bij wat het kent en kan. Volgens Csikszentmihalyi levert juist deze precieze aansluiting op de omgeving de ervaring van controle die hij de flow-ervaring noemt. Een kind dat speelt ervaart daarom altijd volledige controle op zijn omgeving.
Susanne krijgt door het spel de gelegenheid een steviger zelf op te bouwen. Het spel dat ze nu, al dan niet met de hulp van derden, kan spelen sluit beter aan op haar competenties dan de activiteiten die ze hiervoor kreeg aangeboden. Dit maakt dat ze weer vertrouwen krijgt in haar zelf. De eerder aangeboden activiteiten waren te eenvoudig en boden haar geen uitdaging maar verveling. Daarentegen leveren activiteiten die te moeilijk zijn en boven haar kunnen liggen stress.

Wanneer er eisen aan ons gesteld worden waaraan we niet kunnen beantwoorden, ervaren we spanning. Wanneer we daarentegen meer (aan)kunnen dan er van ons gevraagd wordt gaan we ons vervelen. Wanneer de eisen vanuit de omgeving precies in overeenstemming zijn met wat we kunnen, ervaren we flow.
Csikszentmihalyi (1975, 1999) geeft dit heel mooi schematisch weer.

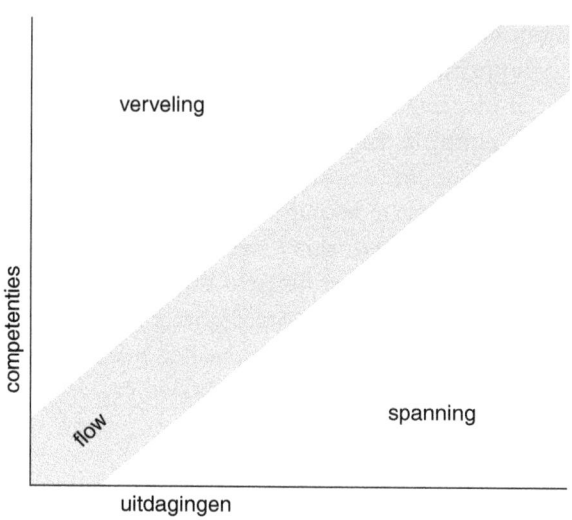

Mensen met een verstandelijke beperking lopen het risico het gevoel van greep en controle niet of nauwelijks te ervaren omdat ze moeilijker duidelijk kunnen maken op welk niveau ze de omgang met hun omgeving aankunnen. Hierdoor schat hun omgeving hun competenties vaak te laag of te hoog in, waardoor ze verveling of stress ervaren. In het ergste geval ontaardt dit gemis aan aansluiting in psychische problematiek, maar ook in minder extreme mate zal het gemis aan aansluiting de interactie met de omgeving niet ten goede komen. De aldus ontstane spanning of verveling nodigt hen in ieder geval niet uit tot nieuwe of constructieve interactie, wat een goede ontwikkeling ernstig kan belemmeren.

Deze gebrekkige aansluiting ontstaat vaak al op jonge leeftijd, terwijl de vroege ontmoetingen van een kind met zijn omgeving grote invloed hebben op de wijze waarop deze interactie verloopt. Is deze ontmoeting plezierig dan zal het kind zich openstellen voor nieuwe ontmoetingen, zelf nieuwe ontmoetingen aangaan en zelfs nieuwe manieren van ontmoeten uitproberen en uitlokken. Er is dan veel en veelzijdige interactie mogelijk die het kind ruime ontwikkelings- en ontplooiingskansen zal bieden. Is de ontmoeting niet plezierig of zelfs beschadigend dan zal het kind nieuwe ontmoetingen uit de weg gaan of zich angstvallig vasthouden aan manieren van ontmoeten waarvan is gebleken dat ze veilig zijn. De interactie met de omgevende wereld zal beperkt zijn in kwantiteit en kwaliteit: de interactie zal gemeden worden of op heel stereotiepe wijze plaatsvinden, en de ontwikkelingskansen zullen daarmee kleiner worden. In het vorige hoofdstuk zagen we deze manier van omgang met de wereld veelvuldig terug in het spel van mensen met een verstandelijke beperking.

## 5.3.2 MENSEN MET EEN VERSTANDELIJKE BEPERKING EN DE HEN OMGEVENDE WERELD

Doordat mensen met een verstandelijke beperking minder snel en adequaat kunnen reageren, zal hun reactie vaak niet worden opgemerkt en zal er minder op hen gereageerd worden. Ze zullen daardoor geen invloed of controle en ook geen plezier en bevrediging ervaren in hun omgang met de omgeving. De ontmoetingen met de wereld zijn hierdoor niet uitdagend en nodigen niet uit tot nieuwe ontmoetingen, waarmee de kans op positieve ontmoetingen steeds kleiner wordt. Hierdoor ontstaat een negatieve spiraal.

Deze negatieve spiraal is te doorbreken door de mensen (beter) te leren spelen. In spel ga je een andere relatie aan met de wereld. In spel kun je zijn wie je wilt zijn en laten gebeuren wat je wilt laten gebeuren: een stoere ridder die iedereen te slim af is, een sterke dinosaurus, of de mooiste prinses van de wereld bij wie ieder in de gunst wil komen. Het krachtige van spel is dat je de omgang met de wereld op geheel eigen wijze, naar eigen behoefte gestalte geeft. Een spelend kind gaat op zo'n manier met zijn omgeving om dat deze precies past bij wat het kent en kan. Volgens Csikszentmihalyi levert juist deze precieze aansluiting van de omgeving bij de aanwezige competenties de eerder genoemde flow-ervaringen, die hij ook wel omschrijft als ervaringen van ultieme controle. Een kind dat speelt ervaart daarom altijd volledige greep en controle op zijn omgeving.

Door mensen met een beperking (beter) te helpen spelen bieden we ze een manier van omgang met hun omgeving die hun het waardevolle gevoel van controle geeft en per definitie plezierig is. In spel zullen ze zich wel competent voelen in hun omgang met de omgeving.

Voor de begeleiders en opvoeders van mensen met een verstandelijke beperking is er dus de uitdaging om hen zodanig te begeleiden of op te voeden dat zo veel mogelijk plezierige ontmoetingen plaatsvinden met de omgeving. Spel is een middel bij uitstek om dat te realiseren. Juist spel biedt het kind de gelegenheid meer invloed en controle te ervaren ten opzichte van zijn omgeving; daarmee kun je de ontwikkeling van het zelf op een positieve manier beïnvloeden. Zowel het ontwikkelen van zelfbesef en autonomie als het opbouwen van een zelfbeeld en zelfvertrouwen zijn positief te beïnvloeden door middel van spel. In spel heeft het kind de gelegenheid zijn zelf te ontdekken en ontplooien, en kan het zijn zelf op een positieve manier (in)vullen. In het vorige hoofdstuk zagen we echter dat kinderen met een verstandelijke beperking juist moeizamer of zelfs helemaal niet tot spelen komen, of spel laten zien van een mindere kwaliteit. Daarom is het heel waardevol om deze kinderen en ook volwassenen te ondersteunen in de ontwikkeling en ontplooiing van hun spel. Dit kan door middel van spelbegeleiding.

## 5.4 Spelbegeleiding

In veel zorgvoorzieningen voor mensen met een verstandelijke beperking en op veel scholen voor speciaal onderwijs wordt spelbegeleiding aangeboden. Over het algemeen wordt de spelbegeleiding echter toegepast om kinderen te helpen zich op bepaalde gebieden beter te ontwikkelen. In dit boek willen we laten zien hoe we spelbegeleiding kunnen gebruiken om de ontwikkeling van een gezond zelf te stimuleren. Deze vorm van spelbegeleiding is er vooral op gericht de speler optimaal te laten ervaren dat hij op een plezierige manier kan omgaan met de omgevende wereld. Hiermee proberen we een (verdwenen?) geneigdheid aan te boren om actief te reageren op de omgevende wereld. Deze geneigdheid is niet alleen een belangrijke voorwaarde om je te kunnen, durven en/of willen ontwikkelen op welk gebied dan ook, maar draagt volgens verschillende onderzoeken bovendien bij aan het emotioneel welbevinden van mensen.

*Een spelbegeleidster, werkzaam op een ZMLK-school, vertelde dat veel kinderen haar opzoeken in de spelkamer na een ruzie of andere nare gebeurtenis. De kinderen komen dan alleen maar even in haar kamer zitten zonder daadwerkelijk te spelen of hun verhaal te doen. Toen ze een van hen vroeg waarom hij dan naar haar kamer toekwam, zei hij: 'Daar hoef je niks en mag je zelf weten wat je doet.'*
*In zijn woorden gaf hij aan hoe fijn het is om zelf te bepalen hoe je omgaat met je omgeving, dat je greep hebt op de wereld om je heen, zeker na een ervaring van controleverlies als een ruzie. Deze controle voelde hij wel in zijn spel.*

In deel twee van dit boek zullen we deze vorm van spelbegeleiding uitvoerig beschrijven.

# II   De praktijk van spelbegeleiding

# 6 Methodisch werken met spel

Simon is in de kamer aan het spelen met scheerschuim. Hij smeert het uit over de tafel met kammen en borstels. Hij kijkt naar de verschillende figuren die er op tafel ontstaan.
Zijn moeder komt bij hem staan. Ze pakt een speelgoedauto en zegt: 'Kijk, deze auto rijdt door de sneeuw,' en laat de auto door het scheerschuim rijden. Simon kijkt naar wat ze doet en pakt ook een auto. Samen rijden ze door de sneeuw.

Simon is in de spelkamer aan het spelen met scheerschuim. Hij smeert het uit over de tafel met kammen en borstels. Hij kijkt naar de verschillende figuren die er op tafel ontstaan.
De spelbegeleidster heeft van tevoren allerlei materiaal klaargezet, zodat Simon kan kiezen waarmee hij wil spelen. Naast de tafel zet ze wat kleine dieren en autootjes neer om Simon uit te nodigen variatie in zijn spel aan te brengen. Na een poosje stopt het spel van Simon. Vragend kijkt hij naar de spelbegeleidster. 'Kijk eens wat daar ligt,' zegt ze en wijst naar de auto's en dieren. Dan ziet hij een spin en verstopt die onder het scheerschuim. Er ontstaat een nieuw spel van verstoppen van dieren en weer tevoorschijn toveren.

In het eerste voorbeeld is er sprake van meespelen. Simon is aan het spelen. Zijn moeder komt met een eigen initiatief, waarop Simon reageert door daaraan mee te doen. Simon accepteert haar inbreng en er ontstaat samenspel. Er is een wisselwerking tussen Simon en zijn moeder, waarbij elk van beiden een eigen inbreng heeft.
In het tweede voorbeeld is er sprake van begeleiding van het spel. De spelbegeleidster heeft de spelsituatie voorbereid. Tijdens het spel voegt ze materiaal toe waarvan ze verwacht dat dat het spel kan verdiepen en uitbreiden. Ze nodigt Simon uit om met dit materiaal aan de slag te gaan; ze laat hem de keuze om hier wel of niet iets mee te doen. Ze stemt haar reactie af op het gedrag van Simon, probeert aan te

sluiten bij zijn spel. Ze ondersteunt hem door suggesties te geven, maar zo dat híj de regie over het spel blijft houden.

Er zijn kinderen voor wie meespelen niet voldoende is. Vooral bij kinderen met een verstandelijke beperking kan het nodig zijn meer te doen. Dan is spelbegeleiding een mogelijkheid om hen verder te helpen.

## 6.1 Wat is spelbegeleiding?

Er is een verschil tussen meespelen en het begeleiden van spel. Meespelen ontstaat meestal spontaan en is vrijblijvend. De medespeler heeft een min of meer gelijke inbreng in het spel. Meespelen kan heel positief en stimulerend zijn. De speler en degene die meespeelt kunnen elkaar aanvullen, waardoor het spel uitgebreid en verdiept wordt. Deze uitbreiding en verdieping zijn echter niet primair de doelstelling van de medespeler.
Bij het begeleiden van spel wordt er methodisch en systematisch gewerkt. Voorafgaand aan het spelen zijn er doelen gesteld waaraan tijdens de spelbegeleiding gewerkt wordt en is er nagedacht over welke spelmaterialen worden aangeboden. In spelbegeleiding worden kinderen en volwassenen die moeite hebben om tot spel te komen op een methodische manier ondersteund. Het doel van spelbegeleiding is om het spel (beter) tot ontplooiing of ontwikkeling te helpen komen of, eenvoudig gezegd, kinderen en volwassenen (beter) te leren spelen. In de praktijk komt dit neer op het spel op gang brengen, spelervaringen en spelmogelijkheden uitbreiden en/of samenspel bevorderen.

> De Landelijke Contactgroep Spelbegeleiders (LKS) definieert spelbegeleiding als een systematisch opgezette, methodisch doordachte vorm van extra hulp aan kinderen en volwassenen die hiaten en/of problemen hebben op het gebied van spelontwikkeling en spelontplooiing.
>
> (Landelijke Contactgroep Spelbegeleiders, 1996)

## 6.1.1 SPELTRAINING, SPELSTIMULERING EN SPELTHERAPIE

Bij spelbegeleiding is spel zowel middel als doel. Het doel is dat een kind beter leert spelen, dat het zijn eigen spelmogelijkheden uitbreidt en meer diepgang krijgt in zijn spel. Dit doel wordt nagestreefd door het kind te laten spelen. Achterliggende gedachte is dat het kind daardoor een relatie met de wereld weet aan te gaan die zijn ontwikkeling ten goede zal komen.

Naast spelbegeleiding zijn er ook andere vormen van ondersteuning waarin spel gebruikt wordt om kinderen verder te helpen in hun ontwikkeling. Er zijn echter grote verschillen in het doel van de ondersteuning en in de manier waarop het spel wordt ingezet.

### Speltraining

Speltraining is vooral bestemd voor kinderen die door een bepaalde beperking de vaardigheden missen om tot spelen te komen. Het kan hierbij gaan om bijvoorbeeld kinderen met autisme of om kinderen met ernstige verstandelijke beperkingen. Het doel van de speltraining is dat het kind basale spelvaardigheden leert, zodat het uiteindelijk zelfstandig tot spel kan komen. De training wordt meestal individueel gegeven en is heel directief. Het kind krijgt op een vast omschreven manier spelmateriaal aangeboden en wordt gestimuleerd om spelhandelingen van de begeleider na te doen. In tegenstelling tot in spelbegeleiding heeft in speltraining de volwassene de regie.

### Functietraining

Zowel spelbegeleiding als speltraining heeft (beter) leren spelen als doel. Er zijn ook trainingen waarin spel gebruikt wordt om bepaalde functies te ontwikkelen, zoals de mondmotoriek of de loopmotoriek. Het spel wordt dan gebruikt om de oefensituatie wat plezieriger te maken voor het kind. Ook deze training is sterk directief: de trainer bepaalt wat gespeeld gaat worden.

### Spelstimulering

Bij spelstimulering is er meer ruimte voor initiatief van het kind, maar blijft de regie bij de volwassene. Ook hier wordt van tevoren vastgesteld welk spelmateriaal wordt aangeboden, afhankelijk van de behoeften en beperkingen van het kind. De omgeving wordt voor zover mogelijk aangepast. Obstakels en afleidende prikkels worden van tevoren weggehaald. Vaak wordt spelstimulering als vervolg van een speltraining gegeven. Het doel is dan om de geleerde spelvaardigheden in een vrijere spelsituatie verder te ontwikkelen.

Spelstimulering wordt meestal in kleine groepjes gegeven aan kinderen bij wie sprake is van een achterstand in de spelontwikkeling.

### Speltherapie

Speltherapie is een vorm van psychotherapie waarbij spel gebruikt wordt als therapeutisch middel. Doel van speltherapie is niet het kind beter te leren spelen, maar het te helpen bij het oplossen van emotionele problemen. Het kan bijvoorbeeld gaan om het verminderen van angsten, het herstellen van vertrouwen in volwassenen of het verwerken van een trauma.

Evenals bovengenoemde vormen van ondersteuning is spelbegeleiding een methodische manier van werken. Er wordt gewerkt op basis van een hulpvraag en een vooraf opgesteld plan waarin doelen zijn opgesteld die tijdens de begeleiding worden geëvalueerd.

## 6.2 Methodisch werken

Een professionele begeleider werkt volgens een doordacht plan en evalueert steeds of zijn handelen effectief is: of zijn handelen ertoe leidt dat de door hem gestelde doelen dichterbij komen en uiteindelijk bereikt worden.
Deze manier van werken wordt methodisch werken genoemd. Van Strien (1986) heeft de regulatieve cyclus ontwikkeld waarin de verschillende stappen in het methodisch werken inzichtelijk worden. Deze stappen helpen de begeleider om op een systematische en overzichtelijke manier aan het werk te gaan.

> De regulatieve cyclus bestaat uit de volgende stappen:
> - probleemstelling: definiëring van het probleem;
> - diagnose: probleemanalyse, oorzaken, verklaringen, samenvatting van de bevindingen;
> - planning: keuze voor de vorm van interventie, doelen bepalen;
> - interventie;
> - evaluatie: beoordelen of de interventie het gewenste doel heeft bereikt;
> - bijstelling: aan de hand van de gegevens wordt bepaald of het probleem is opgelost of dat er een nieuwe interventie nodig is. Indien nodig wordt de cyclus opnieuw gevolgd.
>
> (Van Strien, 1986)

Methodisch werken kenmerkt zich dus door de volgende stappen:
- *beeldvorming*: eerst wordt in kaart gebracht wat het probleem is en worden de benodigde gegevens geïnventariseerd;
- *planning*: op grond van de beeldvorming wordt een plan gemaakt en worden doelen geformuleerd;
- *uitvoering*: het plan wordt uitgevoerd (interventie);
- *evaluatie:* er wordt geëvalueerd of de interventie het gewenste effect heeft gehad, of de doelen zijn bereikt.

Op grond van de evaluatie kan het plan bijgesteld worden en kan er opnieuw een interventie plaatsvinden.

Niet alleen naar de regulatieve cyclus wordt veel verwezen ter ondersteuning van methodisch werken, ook naar de *empirische of predictieve cyclus* ontwikkeld door De Groot (1961).
Deze cyclus wordt gebruikt om wetenschappelijke kennis over de werkelijkheid te verwerven. Het gaat hierbij om de toetsing van de juistheid van beschrijvingen, verklaringen en voorspellingen die ten grondslag liggen aan de hulp die geboden wordt.
In Nederland zijn verschillende hypothesetoetsende modellen beschreven, zoals die van Rispens, Carlier en Schoorl (1984; 1990) en van De Bruyn, Ruijssenaars, Pameijer en Van Aarle (1995; 2003). Deze modellen zijn vooral gebaseerd op de empirische cyclus. De Handelingsgerichte diagnostiek van Pameijer en Van Beukering (2004) is gebaseerd op het hypothesetoetsend model (HTM) van De Bruyn, Ruijssenaars, Pameijer en Van Aarle (1995; 2003).
Bij de *regulatieve cyclus* (Van Strien, 1986) gaat het om evaluatie van de effectiviteit van de geboden hulp. Deze cyclus is sterk gericht op verandering – het regulatieve aspect – en is meer doelgericht en probleemoplossend dan de empirische cyclus (*Handelingsgerichte diagnostiek*, Pameijer & Van Beukering, 2004.)
De regulatieve cyclus geeft het denken van de besluitvormer weer. Je ervaart een probleem, wilt weten waar het vandaan komt, wat er aan te doen is, pleegt een interventie en kijkt of de interventie ook het gewenste doel heeft bereikt.

Kievit en Tak (1996) pleiten voor een *integratie van de empirische en regulatieve cyclus*. Zolang het probleem van de hulpvrager voor de hulpverlener nog onvoldoende duidelijk is om een gerichte

interventie te kunnen plegen, zullen de activiteiten van de hulpverlener gericht zijn op empirische/predictieve activiteiten. Later zal het accent verschuiven naar regulatieve activiteiten.
In de *diagnostische fase* (a: aanmelding, b: overleg en voorlopige indicatiestelling, c: gericht onderzoek) ligt het accent op de empirische cyclus, in de *interventiefase* (d: planning, e: interventie, f: evaluatie) ligt de nadruk op de regulatieve cyclus. Tussenin (tussen c en d) is de *integratiefase*.
In die fase integreert de hulpverlener de gegevens tot een theorie op grond waarvan hij tot handelen over kan gaan.

In het onderwijs, de jeugdzorg en de zorg voor mensen met een verstandelijke beperking wordt steeds meer gewerkt vanuit handelingsgerichte diagnostiek als kader voor het diagnostisch handelen (Pameijer & Van Laar-Bijman, 2007).
Handelingsgerichte diagnostiek (HGD) heeft vijf theoretische uitgangspunten:
1 De werkwijze is systematisch en transparant.
2 De werkwijze is doelgericht.
3 Er wordt gewerkt vanuit een transactioneel kader.
4 Er wordt samengewerkt met de cliënt en alle betrokkenen.
5 Er is aandacht voor de positieve kenmerken van de cliënt en zijn sociale omgeving.

HGD bestaat uit vijf fasen:
1 Intakefase: wie ervaart welke problemen, wat gaat juist wel goed? Wat zijn de vragen? Wat zijn de wensen?
2 Strategiefase: om welk type probleem gaat het? Is onderzoek nodig? Zo ja, welk onderzoek?
3 Onderzoeksfase: onderzoek naar factoren die van invloed zijn op de problemen.
4 Integratie- en aanbevelingsfase: integratief beeld, vaststellen van doelen en aanbevelingen.
5 Adviesfase: beantwoorden van de vragen, tot overeenstemming komen met de betrokkenen

## 6.3 Methodisch werken bij spelbegeleiding

In spelbegeleiding onderscheiden we vier stappen in het methodisch werken, gebaseerd op de eerder genoemde regulatieve cyclus van Van Strien (1986):
1 beeldvorming: gegevens verzamelen en spel observeren;
2 planning: een werkplan maken voor spelbegeleiding;
3 uitvoering: het verloop van de spelbegeleiding en de rapportage daarvan;
4 evaluatie: terugkoppeling naar de doelstellingen en besluitvorming over het vervolg.

### 6.3.1 BEELDVORMING

De beeldvorming bestaat uit drie onderdelen:
1 reden van aanmelding;
2 diagnostische gegevens verzamelen;
3 spelobservatie.

Allereerst wordt de *reden van aanmelding* vermeld. De klachten, zorgen en wensen van de aanmelder(s) met betrekking tot het kind kunnen daarin meegenomen worden. Een reden voor aanmelding kan bijvoorbeeld zijn:

> Het is moeilijk om met Mieke contact te krijgen, ze is moeilijk te bereiken. Ze praat weinig. In haar spel vliegt ze van de hak op de tak. Daardoor komt ze niet echt tot spelen. Het zou fijn zijn als ze beter kan spelen, zodat ze zich ook beter kan uiten.

Daarna worden *diagnostische gegevens* verzameld. Het gaat daarbij om de volgende gegevens:
1 medische gegevens;
2 gegevens uit psychologisch onderzoek;
3 didactische gegevens;
4 pedagogische gegevens;
5 voorgeschiedenis;
6 gegevens over de gezinssituatie;
7 indien van toepassing: gegevens van andere instellingen waar het kind verblijft of is geweest.

Ten slotte is er een uitgebreide *spelobservatie* om de spelmogelijkheden van het kind in kaart te brengen. Dit bestaat uit een individuele spelobservatie en een spelobservatie in de groep. Daarbij wordt gekeken naar het spelniveau van het kind. Welke spelvormen laat het zien, komt het spelniveau overeen met het cognitieve ontwikkelingsniveau?

Daarnaast wordt gekeken naar de manier waarop het kind speelt. Wat zijn zijn interesses, toont het spelplezier, neemt het initiatief, enzovoort.

In hoofdstuk 7 wordt uitgebreid beschreven hoe een spelobservatie uitgevoerd kan worden.

### 6.3.2 PLANNING: EEN SPELWERKPLAN MAKEN

Op grond van de diagnostische gegevens en de spelobservatie wordt een spelwerkplan gemaakt. Daarbij wordt vooral uitgegaan van de mogelijkheden en kwaliteiten van het kind en niet van zijn onmogelijkheden en beperkingen. De benadering van een kind wordt niet alleen bepaald door het feit dat het bijvoorbeeld ADHD heeft of dat er sprake is van hechtingsproblematiek. Het feit dat er een dergelijke diagnose is gesteld wordt niet genegeerd, maar wordt benaderd als één van de kenmerken die maken dat het kind is wie het is. Het wordt gezien als één van de kenmerken die van invloed zijn op het functioneren van het kind, maar niet bepalend zijn voor wie het kind is.

Een spelwerkplan bestaat uit vier onderdelen, die overeenkomen met de stappen in de regulatieve cyclus (zie ook bijlage 7):

1 *Probleemstelling*: waarin een hypothese over de oorzaak van de (spel)problemen van het kind wordt geformuleerd.
2 *Hulpvraag*: waarin de hypothese wordt vertaald in een vraag om hulp en ondersteuning vanuit het kind.
3 *Doelstellingen*: waarin wordt beschreven wat je met de spelbegeleiding wilt bereiken. Meestal worden naast de algemene hoofddoelstelling ook een aantal specifiekere subdoelstellingen geformuleerd. Door middel van de subdoelstellingen kan stapsgewijs gewerkt worden naar de hoofddoelstelling.
4 *Strategie*: waarin wordt beschreven hoe naar de doelstellingen van het werkplan wordt toegewerkt. Het opstellen van de strategie gaat aan de hand van de volgende vragen:
   a op welk spelniveau ga ik met het kind spelen?
   b welk spelmateriaal ga ik het kind aanbieden?
   c hoe richt ik de spelruimte in?
   d hoe vaak en hoe lang ga ik met het kind spelen?
   e welke houding ga ik aannemen (bijvoorbeeld veel structuur bieden of juist veel ruimte geven) en hoe ga ik proberen contact te krijgen met het kind?
   f welke spelbegeleidingstechnieken ga ik gebruiken?

### 6.3.3 DE SPELBEGELEIDING UITVOEREN

Tijdens de uitvoering wordt aan de doelen van het spelwerkplan gewerkt.

Er zijn in het uitvoeren van de spelbegeleiding drie fasen te onderscheiden:
1 kennismakingsfase; het opbouwen van een veilige relatie tussen de spelbegeleider en het kind staat centraal;
2 spelbegeleidingsfase; er wordt specifiek aan de spelbegeleidingsdoelstellingen gewerkt;
3 afsluitende fase; beëindigen van de relatie met het kind en het afscheid nemen staan centraal. Het kind wordt geholpen om zijn nieuw verworven spelvaardigheden te generaliseren naar andere situaties. Ook wordt gewerkt aan een goede overdracht van de informatie aan andere begeleiders en opvoeders van het kind.

Deze laatste fase vindt plaats wanneer uit evaluatie blijkt dat de spelbegeleiding beëindigd kan worden.

De spelbegeleider rapporteert elke keer na met het kind gespeeld te hebben aan de hand van een aantal rapportagepunten. Men kan daarbij denken aan rapportagepunten als contact met het kind, de manier van spelen van het kind, spelkeuze, interventies door de spelbegeleider, enzovoort.

Bij het rapporteren wordt steeds teruggekoppeld naar de geformuleerde doelstellingen.

### 6.3.4 EVALUATIE

Na iedere spelsessie wordt geëvalueerd in hoeverre de opgestelde doelen behaald zijn. Wanneer doelen niet behaald zijn maar wel dichterbij komen, wordt de spelbegeleiding verlengd om alsnog de doelen te bereiken zonder de strategie te wijzigen. Wanneer de doelen niet dichterbij komen, is het van belang deze doelen en/of de strategie bij te stellen.

Ook kan nieuwe informatie naar voren komen, waardoor besloten wordt om nieuwe doelen te formuleren en/of de strategie aan te passen. De cyclus begint dan opnieuw. De spelbegeleider betrekt meestal ook het oordeel van derden in de evaluatie. Op een vooraf afgesproken tijdstip wordt dan samen met betrokkenen zoals ouders, leerkrachten, orthopedagoog en/of andere begeleiders geëvalueerd of zij vinden dat de spelbegeleiding een positieve invloed heeft.

In hoofdstuk 8 wordt een uitgebreid voorbeeld gegeven van het maken van een spelwerkplan.

In het volgende hoofdstuk bespreken we eerst hoe spel geobserveerd kan worden.

Daarbij laten we zien hoe een spelobservatie kan bijdragen aan een goede beeldvorming van het kind en zijn (spel)problemen.

# 7 Spelobservatie: de beeldvorming van het kind en zijn spel

In het vorige hoofdstuk hebben we gezien dat de eerste stap in het methodisch werken is: een goede beeldvorming van het kind en zijn (spel)mogelijkheden. Juist de manier waarop een kind speelt geeft ons veel inzicht in wie het kind is en hoe het in de wereld staat. Het spel is in feite de spontane omgang van een kind met zijn omgeving. De invulling van de omgang en de manier waarop het kind deze omgang vormgeeft, laat ons veel zien over het kind.

## 7.1 Een spelobservatie

We kunnen op verschillende manieren naar het spel kijken en luisteren. Zo onderscheiden Van Dijk en Frankhuijzen (1996) het uitingsniveau en het inhoudsniveau van het spel. Het uitingsniveau betreft de manier van spelen, het inhoudsniveau datgene wat ermee verteld wordt.
Met 'manier van spelen' bedoelen we: is er variatie in het spel, kan het kind zich op het spel concentreren, welk spelniveau laat het kind zien?

De 2-jarige Maaike is aan het spelen met het poppenservies. Ze schenkt zogenaamd thee uit de theepot in de theekopjes, roert met een lepeltje in de kopjes, doet alsof ze drinkt. Ze biedt haar moeder ook een kopje thee aan. Daarna verzamelt ze alle kopjes en begint ze opnieuw met thee inschenken.

Als we het spel van Maaike op uitingsniveau beschrijven, zien we dat ze beginnend symbolisch spel laat zien. Haar spelniveau komt overeen met haar ontwikkelingsleeftijd.
Ze neemt zelf initiatief tot spelen, heeft plezier in het spel, betrekt haar moeder er ook bij.

Uit onderzoek van Van der Pol (2005) bleek dat kinderen met cognitieve en sociaal-emotionele problemen meer hulp nodig hebben om tot spelen te komen dan kinderen zonder deze problemen. Bovendien gaven de ouders van deze kinderen aan dat hun kind snel was afgeleid tijdens het spelen en het spel vaak van korte duur was. Ook zagen ze dat er weinig variatie was in het spel, werd er vaak voor hetzelfde spel gekozen. Er zijn dus duidelijk verschillen tussen de kinderen met en zonder problemen op uitingsniveau.

Mario, 4 jaar, heeft een nieuwe step. Hij kan er al best hard mee en racet de oprit van zijn huis af. Het lukt hem echter nog niet goed om te remmen en hij schiet de straat op waar juist een auto aankomt. De auto raakt Mario en Mario valt. Gelukkig heeft hij geen schram en is zelfs zijn step onbeschadigd, maar Mario, zijn moeder en de bestuurder van de auto zijn alle drie behoorlijk overstuur. Daarna speelt Mario steeds met de wilde dieren. In het spel is er telkens een grote leeuw die de andere dieren heel plotseling aanvalt.

Mario laat in zijn spel zien dat het plotseling opduiken van gevaar hem sterk bezighoudt. Dit is een observatie op inhoudsniveau. De inhoud van zijn spel laat zien hoe hij zich tot zijn omgeving verhoudt. Het plotseling opduiken van gevaar maakt dat hij minder ontspannen in de wereld staat dan daarvoor. De moeder van Mario vertelt ook dat Mario na het incident op grote afstand van de straat blijft en telkens even stopt met waar hij mee bezig is als er een auto voorbijkomt die veel lawaai maakt of veel vaart heeft.

Een goede spelobservatie is dan ook van groot belang wanneer we met spelbegeleiding willen beginnen.

## 7.2 Observeren op uitingsniveau: HOE speelt het kind?

Het onderzoek van Van der Pol (2005) reikt ons een aantal aspecten van het spel aan waarop kinderen kunnen verschillen en die dus belangrijk zijn om te observeren. Deze aspecten tonen grote overeenkomst met de observatiecategorieën die door Vedder (1977) en Scholten (1985) worden onderscheiden. Deze categorieën zijn door talloze spelbegeleiders gebruikt en hebben ook in de praktijk hun waarde

bewezen. Samenvattend kunnen we de volgende categorieën onderscheiden:
- spelniveau;
- spelkeuze;
- spelduur;
- interactie met spelgenoten;
- spelkwaliteit.

### 7.2.1 HET SPELNIVEAU

Allereerst is het van belang te observeren op welk ontwikkelingsniveau een kind speelt. Het niveau waarop een kind speelt verschaft ons waardevolle informatie. Het vertelt ons welk niveau het kind spontaan kiest om met zijn omgeving om te gaan. Veel gedragswetenschappers toonden aan dat de ontwikkelingsfasen in het kinderspel parallel lopen aan die in de cognitieve ontwikkeling (Piaget, 1951; Hellendoorn, 1989). Dit leidde tot de aanname dat je aan het spel kunt aflezen wat een kind cognitief beheerst. Toch zien we dat deze aanname niet altijd opgaat. Kinderen die erg moe zijn of niet goed in hun vel zitten ten gevolge van ingrijpende gebeurtenissen spelen vaak op een lager ontwikkelingsniveau dan ze gezien hun cognitieve mogelijkheden zouden kunnen (Rubin, Fein & Vandenberg, 1983; Scholten, 1985). Het spelniveau geeft dus niet zozeer aan op wat voor niveau een kind met zijn omgeving om *kan* gaan maar op wat voor niveau het kind het *aankan* om met zijn omgeving om te gaan.

Juist omdat het spel gemakkelijk wordt beïnvloed door de omgeving van een kind en/of zijn (emotionele) conditie is het beter om meer dan één observatie uit te voeren. Zeker wanneer een kind op een lager ontwikkelingsniveau speelt dan zijn algemene niveau van functioneren (meestal aangeduid met ontwikkelingsleeftijd), is het waardevol om het kind en zijn spel vaker te observeren. Ieder kind heeft momenten waarop hij moe of hongerig is of waarop hij een gebeurtenis een plek moet geven. Op dit soort momenten kun je het kind even ontzien door wat minder hoge eisen te stellen en wat extra aandacht te geven. Wanneer deze momenten echter perioden worden en zeker wanneer het kind structureel een kloof laat zien tussen zijn spelontwikkelingsniveau en het niveau van cognitief functioneren, is het zinvol te onderzoeken waarom het kind zijn omgeving liever op een lager (en dus veiliger) manier tegemoet treedt.

Het niveau waarop een kind speelt kan sterk verschillen tijdens een spelsessie. Wanneer we het spelniveau van een kind in kaart willen brengen is het daarom waardevol om te registreren op welk niveau het kind voornamelijk speelde tijdens de sessie en wat het hoogste spelniveau was dat het kind liet zien. Zo kunnen we een eventuele discrepantie tussen wat het kind kan en wat het kind aankan ook ontdekken.

*Tim speelt met de trein. Hij laat de poppetjes in- en uitstappen. Het grootste deel van de tijd is hij bezig met het rijden van de trein en met het in- en uitstappen van de passagiers.*
*Op een bepaald moment valt een poppetje uit de trein. 'Help, help, ik val eruit!' roept Tim met een speelstem. De ambulance komt en het poppetje wordt naar het ziekenhuis gebracht. Daarna vervolgt hij het spel met het in- en uitstappen van de passagiers.*

Het grootste deel van de tijd zien we functioneel spel. Een kort moment zien we een ander en hoger spelniveau. Tim laat heel even symbolisch spel zien, wanneer het poppetje uit de trein valt.

Na het in kaart brengen van het spelontwikkelingsniveau van het kind is het dus van belang om dit niveau te vergelijken met het algemene niveau van functioneren. Om het spelniveau goed te kunnen inschatten is een goed overzicht nodig van de verschillende stadia in de spelontwikkeling. In hoofdstuk 3 hebben we de meest voorkomende beschrijvingen van de spelontwikkeling geïntegreerd tot een handzaam overzicht, dat zich goed leent om het spelontwikkelingsniveau in te schatten.

### 7.2.2 SPELKEUZE

In de categorie spelkeuze observeren we twee aspecten:
– Kan het kind zelfstandig kiezen?
– Wat kiest het kind spontaan en kan het wisselen van spel(materiaal)?

We observeren hier dus wat het kind spontaan voor spel en spelmaterialen kiest.
Daarbij observeren we allereerst of het kind een zelfstandige keuze kan maken. Sommige kinderen komen uit zichzelf niet tot spelen omdat ze niet kunnen kiezen wat voor spel ze willen spelen en/of met wat voor materiaal ze willen spelen. Andere kinderen kiezen niet echt maar beginnen te spelen met datgene wat ze toevallig tegenkomen.

Klaas kijkt aandachtig naar het spelmateriaal dat voor hem ligt. Hij pakt een vrachtwagen en rijdt er even mee heen en weer. Daarna pakt hij de pop die er vlak naast ligt. Hij bekijkt de pop, voelt aan de kleertjes van de pop en legt hem weer neer. Op deze manier raakt hij al het speelgoed even aan. Als hij dat gedaan heeft, kijkt hij de spelbegeleidster aan en pakt hij de vrachtwagen weer. Hij begint opnieuw met het aanraken van al het spelmateriaal dat voor hem ligt.

Het niet kunnen kiezen voor bepaald spel kan verschillende oorzaken hebben. Sommige kinderen zijn zo angstig of onzeker dat ze niet durven spelen. Andere kinderen lukt het niet het overzicht te creëren dat nodig is om tot een keuze te kunnen komen. Dit kan zijn omdat de kinderen de wereld benaderen op een niveau van ervaringen ordenen dat kiezen nog niet mogelijk maakt. Pas wanneer het kind de wereld kan ordenen op structurerend niveau is het in staat een gerichte keuze te maken. Veel mensen met een verstandelijke beperking ordenen hun ervaringen op een lager niveau. Aan deze mensen moeten het spelmateriaal en bijpassende mogelijkheden dus actief aangeboden worden.

Bij de spelkeuze registreren we ook waar het kind voor kiest en hoe gevarieerd een kind speelt. Er zijn kinderen die een duidelijke voorkeur hebben voor bepaald speelgoed. Zeker bij het begin van een spelbegeleiding waarin het opbouwen van een veilige relatie tussen de spelbegeleider en het kind centraal staat, is het voor het kind veilig en plezierig om te mogen spelen met speelgoed waar het een voorkeur voor heeft. Wat vooral belangrijk is, is te observeren of het kind kan (of durft te) wisselen van spel en spelmateriaal. Kinderen die telkens voor het vertrouwde kiezen geven hiermee aan hoe moeilijk of spannend ze het vinden om nieuwe manieren van omgang met hun omgeving aan te gaan. Vooral kinderen met een verstandelijke beperking zijn geneigd tot een stereotiepe manier van omgaan met hun omgeving. Dit belemmert hun echter nieuwe stimulerende ontmoetingen te hebben met hun omgeving. Hierdoor wordt niet alleen hun ontwikkeling maar ook het opbouwen van zelfvertrouwen en/of een gevoel van competentie in het omgaan met hun omgeving belemmerd.

### 7.2.3 SPELDUUR

Binnen deze categorie observeren we hoe goed het kind zich kan concentreren op zijn spel. We observeren of het kind langere tijd achtereen met hetzelfde materiaal kan spelen en of het snel is afgeleid van zijn spel als er om hem heen iets gebeurt. Ook observeren we of een kind zijn spel goed kan afsluiten, of het zijn spel ook echt afmaakt of van de hak op de tak van het ene spel op het andere overgaat.

Om echt te kunnen genieten van het spel, moet het kind zijn omgeving kunnen loslaten.
In paragraaf 2.3 zagen we dat spel zich kenmerkt doordat het flow-ervaringen oplevert. Intense concentratie op de bezigheid werd veelvuldig genoemd als een kenmerk van deze ervaringen. Kinderen die zich sterk bewust blijven van hun omgeving en moeilijk op kunnen gaan in hun spel zullen deze plezierige flow-ervaring niet of nauwelijks opdoen. Ze zullen minder van het spelen genieten. Daarom is het zeer waardevol te observeren of het kind zich goed op zijn spel kan concentreren of meer gericht is op zijn omgeving.

Uiteraard is het ook heel waardevol te observeren wat maakt dat een kind zich niet of moeilijk op zijn spel kan richten. Sommige kinderen staan zo onzeker in de wereld dat ze hun omgeving vrijwel voortdurend in de gaten houden. Dit maakt het voor hen heel moeilijk om zich aan hun spel over te geven. Andere kinderen onderbreken hun spel veelvuldig omdat ze heel prikkelgevoelig zijn en door het minste of geringste afgeleid worden. Deze kinderen vragen een heel andere begeleiding en ondersteuning bij hun spel dan de eerder genoemde onzekere kinderen.

### 7.2.4 HET CONTACT MET MEDESPELERS
Binnen deze categorie observeren we in hoeverre het kind in staat is de inbreng van anderen in zijn spel toe te laten. We observeren of het kind anderen kan en durft te gebruiken om zijn spel te verrijken. Daarbij onderscheiden we de inbreng van medespelers en de inbreng van de spelbegeleider.

Sommige kinderen staan heel erg open voor het spel van andere kinderen en gebruiken hen als model of stimulans om hun spel te verrijken. Andere kinderen vinden het juist heel moeilijk om hun spel met anderen te delen. Moeite met samenspelen kan meerdere oorzaken hebben. Moeite met sociale vaardigheden en/of het inleven in anderen kan een oorzaak zijn. Het komt ook voor dat een kind altijd een dusdanig dominante houding aanneemt in het spel met anderen dat zij het niet leuk meer vinden om met hem te spelen. Deze dominante houding vertelt ons meestal dat het kind slecht of geen overzicht heeft over zijn omgeving. Dit overzicht houdt of creëert het kind door zelf de regie ter hand te nemen in het spel.

Rick, Jasper en Daan spelen met de ridders. Jasper en Daan bedenken dat ze op pad gaan om een vijandig kasteel aan te vallen. 'Nee, nee', roept Rick, 'ze gingen eerst met elkaar zwaardvechten om te oefenen.' Dat vinden Jasper en Daan een goed idee. Jaspers ridder daagt die van Rick uit. 'Ik won', zegt Rick. Dan wil Jasper tegen Daan. 'Nee, ik moet tegen Daan', roept Rick wat paniekerig. Rick wint weer. 'Kom, nu gaan we', roept Jasper. 'Nee', roept Rick. 'De paarden moeten nog eten.' Tijdens het voeren van de paarden begint Jasper wat om zich heen te kijken. Daan is al naar de auto's gelopen. 'Zullen we met de auto's?' vraagt Daan aan Jasper, 'ik vind de ridders niet zo leuk'. 'We gingen toch met de ridders!' reageert Rick boos.

**Soms is het kind zo bezet door iets dat hij alleen spel kan spelen dat hem de ruimte biedt om hieraan een plek te geven. Een dergelijke starheid maakt hem niet aantrekkelijk voor andere spelers.**

Lisanne krijgt een zusje. Ze speelt iedere dag dat ze ook zwanger is en de baby geboren wordt. Aanvankelijk speelt haar vriendinnetje het spel met veel plezier mee. Het is dagenlang hun favoriete spel, maar op een dag wil het vriendinnetje niet met Lisanne mee om te spelen. 'Dan gaan we zeker weer baby'tje spelen', zegt ze zuchtend. 'O, maar Lisanne wil vast wel iets anders spelen', helpt de moeder van Lisanne. Lisanne blijft echter koppig volhouden dat ze baby'tje wil spelen. Uiteindelijk gaan de vriendinnen ieder met hun eigen moeder naar huis.

Een andere oorzaak kan zijn dat het kind nog niet aan samenspel toe is omdat het op een te laag ontwikkelingsniveau functioneert. De indeling van Parten laat ons zien dat kinderen pas vanaf de kleuterleeftijd in staat zijn tot samenspel waarin de rollen en taken goed verdeeld zijn. Mensen met een verstandelijke beperking worden vaak overschat in hun mogelijkheden tot samenspel. Goed kunnen samenspelen vraagt dat je je kunt inleven in anderen en vereist dat je inziet dat de ander de zaken vanuit een ander perspectief ziet dan zijn medespeler. Over het algemeen ontwikkelt een kind deze vaardigheden pas na de kleutertijd. Echt kunnen samenspelen vereist een manier van ervaringen ordenen die voor een grote groep mensen met een verstandelijke beperking te moeilijk is.

Kinderen die het spel van anderen wel weten te gebruiken als inspiratie of stimulans voor hun eigen spel, kunnen ook gebaat zijn bij groepsbegeleiding. In de meeste gevallen spelen kinderen echter

moeilijk met anderen omdat ze ook individueel niet goed kunnen spelen.
De spelbegeleider richt zich in dit geval eerst op het helpen ontwikkelen van het eigen, individuele spel van het kind. Pas aan het eind van de begeleiding wordt het kind dan ondersteund in het spelen met derden.

Bij individuele spelbegeleiding observeer je vooral hoe het kind op jou reageert. Staat het kind voor je open, kan het jouw inbreng toelaten? Veel kinderen zullen vooral alleen spelen, je buiten hun spel weren of zelfs helemaal niet tot spel komen als ze je nog nauwelijks kennen. Andere kinderen zullen juist volledig op jou gericht zijn bij hun spel. Ze doen dit omdat ze zich nog niet veilig genoeg bij je voelen voor een eigen inbreng.
Het is daarom goed om het kind meerdere keren te observeren en het de kans te geven aan je te wennen. Het duurt vaak enige tijd voordat het kind zich veilig genoeg voelt om zijn natuurlijke spel te laten zien. Daarom is het ook belangrijk om te observeren of het contact verandert tijdens het spel. Kinderen die langzaam maar zeker het spel bepalen en jou daar een aandeel in geven, voelen zich veilig en zullen jouw inbreng toelaten. Deze inbreng is uiteraard nodig om het spel echt te kunnen begeleiden. Kinderen die je helemaal niet toelaten, zijn eigenlijk niet te begeleiden. Besluit echter niet te snel dat een kind zich niet laat begeleiden. Zeker kinderen die in hun leven weinig reden hebben gehad om op volwassenen te vertrouwen, zullen lang nodig hebben om zich veilig genoeg bij je te voelen.

### 7.2.5 SPELKWALITEIT

Binnen deze categorie observeren we hoe rijk het spel van het kind is. In welke mate weet het kind het spel naar eigen wens en behoefte vorm te geven? We observeren of het kind diepgang in zijn spel kan aanbrengen of juist heel vlak spel speelt. Met diepgang bedoelen we dat het kind zich aan het spel durft over te geven, dat het plezier beleeft aan het spel.
Ook observeren we of het kind rustig speelt en zich de tijd gunt om het spel goed op te zetten en uit te diepen of juist vluchtig en chaotisch te werk gaat. In het eerste geval heeft het kind greep op het spel, de regie over het spel. Bij sommige kinderen zien we echter dat het spel met hen op de loop gaat. Dit is met name het geval bij kinderen die zich ten gevolge van een (persoonlijkheids)stoornis of ten gevolge van een trauma helemaal verliezen in het spel: ze lijken het spel niet meer te

kunnen stoppen of bijna gevangen te zitten in het spel. Het kind lijkt dan ook helemaal niet te genieten van het spel.
Er zijn ook kinderen die zich niet durven geven aan het spel. Deze kinderen durven of weten de spelmaterialen en speelruimte niet goed te gebruiken ter bevordering van het spel. Ze blijven steeds in dezelfde hoek zitten.
In feite observeren we in deze categorie of het kind in staat is op zo'n manier te spelen dat het de in het eerste deel genoemde flow-ervaringen kan opdoen.

### Overzicht van spelobservatiecategorieën op uitingsniveau

**Spelniveau**
- Op welk ontwikkelingsniveau speelt het kind hoofdzakelijk?
- Wat is het hoogste ontwikkelingsniveau dat het kind laat zien?
- Komt het spelontwikkelingsniveau overeen met het ontwikkelingsniveau van het overige functioneren van het kind?

*Speelt het kind op ontwikkelingsniveau?*

**Spelkeuze**
- Kan het kind zelfstandig kiezen, of pakt het wat het toevallig tegenkomt?
- Wat voor materialen c.q. spelvormen kiest het kind allemaal?
- Kiest het kind gevarieerd of steeds voor hetzelfde spel(materiaal)?

*Kan het kind (zelfstandig) kiezen voor een gevarieerd spelrepertoire?*

**Spelduur**
- Kan het kind langere tijd achtereen met hetzelfde materiaal spelen?
- Is het kind snel afgeleid?
- Maakt het kind een spel af?

*Kan het kind zich goed concentreren op zijn spel?*

**Spelkwaliteit**
- Brengt het kind diepgang in zijn spel?
- Speelt het kind rustig of chaotisch, heeft het greep op het spel?
- Weet het kind de spelmaterialen en speelruimte te gebruiken ter bevordering van het spel?
- Beleeft het kind plezier aan het spel?

*Levert het spel het kind 'flow' op?*

Contact met medespelers
- Hoe reageert het kind op andere kinderen?
- Hoe reageert het kind op de spelbegeleider?
- Verandert het contact met de spelbegeleider naarmate de spelsessie(s) vordert(en)?

Is het kind in staat de inbreng van anderen in zijn spel toe te laten?

## 7.3 Observeren op inhoudsniveau: WAT speelt het kind?

In de groep van juf Ellen zijn de kinderen lekker aan het spelen. Plotseling wordt het onrustig in de groep. 'Juf, hij doet het weer', klinkt het door de klas.
'Ik ben de sterke beer!' Met grote stappen loopt Youri door de klas. Hij verstoort het spel van de andere kinderen door er dwars doorheen te lopen of hard in hun oor te brullen. Juf pakt Youri bij de hand en trekt hem naar een rustig hoekje. 'We hadden toch afgesproken dat er geen beren in deze klas zitten.' Youri gromt nog wat na. 'Kom, we gaan iets anders zoeken om mee te spelen.' Maar wat Ellen ook aanbiedt, het spel van Youri is maar van korte duur. Ellen vraagt zich af hoe ze Youri toch rustig aan het spelen kan krijgen, zodat hij de anderen niet steeds stoort.

Bij een spelobservatie is het erg nuttig om te letten op wat een kind precies speelt. We noemen dat een observatie op inhoudsniveau. De vraag waarom Youri een beer wil zijn, is een vraag op inhoudsniveau. Een beer houdt anderen op een veilige afstand door hun de stuipen op het lijf te jagen. Het valt Ellen op dat Youri met name de rol van beer aanneemt in vrije, weinig gestructureerde situaties. Schijnbaar zijn deze situaties bedreigend voor Youri en durft hij contact alleen maar aan als hij de afstand tot zijn omgeving zelf kan bepalen. Wanneer de wereld te dichtbij komt, schept hij afstand door angstaanjagend te brullen.

Hoewel het interpreteren van het kinderspel vaak aan speltherapeuten wordt overgelaten, kun je ook als begeleider of opvoeder van het kind inzicht krijgen in hoe het kind zijn relatie tot de wereld ervaart, mits je niet te zeer aan je eigen duiding van het spel vasthoudt en open blijft staan voor nieuwe duidingen van het spel. Op inhoudsniveau kunnen we de volgende aspecten observeren.

### 7.3.1 IDENTIFICATIE MET EEN SPELFIGUUR

Een kind kiest over het algemeen een specifieke figuur waarmee hij zich identificeert in het spel. De rol van deze figuur verschaft het kind de mogelijkheid om een plezierige, bij zijn behoeften aansluitende plaats te midden van zijn omgeving in te nemen. Veel kinderen hebben een voorkeur voor een rol waarin ze macht en daarmee controle hebben over hun omgeving. Zo is het heerlijk om de stoere ridder te zijn, die sneller en sterker is dan wie dan ook, of een mooie prinses, van wie iedereen zoveel houdt dat ze zich in bochten wringen om het haar naar de zin te maken. Kinderen die deze rol niet kunnen loslaten of de macht van hun rol zozeer uitbuiten dat de medespelers afhaken, verdienen echter extra aandacht. Schijnbaar voelen zij zoveel onmacht dat ze het spel nodig hebben om die onmacht te compenseren. Om het kind en de wijze waarop het zich tot zijn omgeving verhoudt te leren kennen is het belangrijk te observeren met welke spelfiguur het kind zich graag identificeert en de vraag te stellen wat het voor het kind oplevert om deze spelfiguur te zijn.

Wanneer het je als begeleider niet direct duidelijk is waarom een kind steeds deze specifieke figuur uitbeeldt, kun je buiten het spel een gesprekje met het kind aanknopen over de rol waaraan het kind kennelijk de voorkeur geeft. Zo zou Ellen Youri kunnen vragen wat hij nu zo bijzonder vindt aan beren. De eigenschappen die Youri noemt geven inzicht in de eigenschappen die hij zelf graag zou bezitten om beter met de hem omgevende wereld om te kunnen gaan. Dit geeft Ellen aanknopingspunten om Youri extra te steunen in zijn angstige tocht door onoverzichtelijke situaties.

### 7.3.2 THEMA'S IN HET SPEL

Bij een spelobservatie kun je er ook op letten of er thema's of gebeurtenissen zijn in het spel die steeds terugkeren. Dergelijke thema's duiden veelal op een gebeurtenis of ervaring die diepe indruk heeft gemaakt op het kind.

De 7-jarige Richard is aan het spelen met playmobil in de klas. Alle poppetjes en overige spelmaterialen worden door hem op een tractor geladen. Hij rijdt rond met de tractor en zegt met een toonloze stem: 'Popje gaat weg'. Daarna stopt het spel.
Iedere keer wordt dit spel op precies dezelfde manier herhaald. Richard speelt al weken op deze manier, hij komt niet tot ander spel. Bij navraag blijkt dat hij binnenkort gaat verhuizen. Richard woont in een pleeggezin en zal worden overgeplaatst naar een ander pleeggezin

in een andere woonplaats. Hij heeft in zijn jonge leventje al vele verhuizingen meegemaakt.

Het lijkt soms wel of kinderen in bepaald spel gevangen zitten. Dit spel wordt dan met een beladenheid gespeeld die de vraag bij je op doet komen of het wel plezierig is dit spel te spelen. Ieder kind heeft perioden waarin je merkt dat hij het spel gebruikt om dingen die hem bezighouden een plek te geven. Wanneer je merkt dat het kind niet verder komt in zijn spelontwikkeling en vast blijft zitten aan steeds hetzelfde spel, kan dit een signaal zijn dat het kind emotioneel behoorlijk uit balans is. Vooral wanneer er veel machtsstrijd en/of conflicten voorkomen in het spel is de kans groot dat het kind uit balans is.

Meestal laten kinderen niet rechtstreeks zien wat hen bezighoudt. De keuze die een kind maakt voor specifiek spel wordt onbewust gemaakt. Het is van groot belang dat deze keuze onbewust blijft en de veilige context van het spel gewaarborgd blijft. Een kind dat veel strijd laat zien in het spel, mag je daarom nooit vragen of er in het echt ook veel strijd is. Hiermee loop je het risico over de grenzen van het kind te gaan, waarmee het juist moeilijker voor hem wordt om te vertellen wat hem bezighoudt. Ook ontneem je hem dan de veiligheid van het spel, waarbinnen alles kan gebeuren zonder dat het consequenties heeft voor de wereld buiten het spel. Juist deze veiligheid geeft het kind de ruimte de dingen die hem bezighouden uit te spelen.
Overigens is de grens tussen spelen en werkelijkheid voor de meeste kinderen heel duidelijk. Daarom kunnen kinderen in spel agressie laten zien die ze in het ware leven niet kunnen uiten. Het is belangrijk het kind de ruimte te geven om dit spel te spelen, hoe gruwelijk het soms kan zijn om het kind allerlei poppetjes te zien wurgen, afslachten of ophangen. Uiteraard geldt daarbij wel de regel dat het anderen (ook jou, de spelbegeleider) geen pijn doet en dat het kind ook zichzelf niet verwondt.

Overzicht van spelobservatiecategorieën op inhoudsniveau
Identificatie met spelfiguur
– Welke specifieke figuur of rol kiest het kind in het spel?
– Welke functie heeft deze figuur?

Thema's of gebeurtenissen
- Welke thema's of gebeurtenissen komen vaker voor in het spel?
- Welke emoties laat het kind in het spel zien?
- Is de grens tussen realiteit en fantasie duidelijk voor het kind?

## 7.4 Uitingsniveau en inhoudsniveau bij volwassenen

Ook bij volwassen mensen met een verstandelijke beperking kan het onderscheid gemaakt worden tussen spel op uitingsniveau en spel op inhoudsniveau. Van Dijk en Frankhuijzen (1996) geven aan dat deze volwassenen meestal niet spelen op een uitingsniveau dat bij hun kalenderleeftijd past. Ze spelen op een lager niveau dan je op grond van hun leeftijd zou verwachten. Het inhoudsniveau van hun spel past echter wel bij hun kalenderleeftijd en de levensfase waarin ze op dat moment verkeren. In hun spel komen levensthema's naar voren die bij elk mens van toepassing kunnen zijn, zoals:

- verdriet om de handicap (waarom kan ik niet wat anderen wel kunnen?);
- verdriet om verlies en afscheid (juist mensen met een verstandelijke beperking moeten in hun leven vaak afscheid nemen van begeleiders);
- rouw om het niet hebben van een relatie of rouw om een verbroken relatie;
- seksualiteit;
- kinderwens of rouw om het niet hebben van kinderen;
- toekomstperspectief (onzekerheid over de toekomst).

Lisanne (zie par. 7.2.4) wilde alleen maar spelen dat ze een baby kreeg. Lisanne is 4 jaar. Van Dijk en Frankhuijzen beschrijven het spel van een vrouw van 34 jaar met dezelfde inhoud. Haar jongere zus is zwanger. Hoewel Lisanne en de vrouw hetzelfde spel laten zien heeft hun spel toch een andere inhoud. Lisanne laat haar onzekerheid zien over hoe haar leven eruit zal zien als ze dat met een broertje of zusje moet delen. Bij de vrouw ligt het verdriet om een niet te vervullen kinderwens achter het spel.

Van Dijk en Frankhuijzen (2001) wijzen erop dat gedrag en opmerkingen van mensen met een verstandelijke beperking kunnen verwijzen naar een verhaal dat ze te vertellen hebben. Ook voorwerpen die ze steeds bij zich dragen of voorkeuren voor bepaald spel kunnen verwijzen naar een verhaal. Dit verhaal kunnen ze niet met woorden tot uitdrukking brengen. Mensen met een lichte verstandelijke beperking kunnen imponeren door hun vlotte taalgebruik. Er is bij hen vaak sprake van 'geleende taal': woorden die ze gebruiken maar waarvan ze de betekenis niet echt begrijpen. Ook voor hen is het moeilijk om datgene wat hen innerlijk bezighoudt te verwoorden.

Het is van belang om volwassenen met een verstandelijke beperking materiaal aan te bieden waarmee ze zich kunnen uiten. Door goed naar hen te kijken en te luisteren is het mogelijk om te ontdekken wat hen bezighoudt, wat belangrijk is voor hen. Voorwerpen die ze bij zich dragen kunnen een grote communicatieve waarde hebben (Vink, 2002). Het gaat erom dat begeleiders de achterliggende betekenis daarvan ontdekken.

*De 38-jarige Sandra kan niet spreken. Ze is al op jonge leeftijd uit huis geplaatst en heeft door haar moeilijke gedrag in veel verschillende tehuizen gewoond. Ze is vaak boos en agressief tegenover anderen. Sandra heeft altijd een tas bij zich, die ze overal mee naartoe neemt. Niemand mag erin kijken. Als je te dicht in de buurt van haar tas komt, geeft ze je er een mep mee. Alleen de muziektherapeut bij wie ze al heel lang komt mag soms in de tas kijken. Dan blijkt dat zij in de tas dingen bewaart die heel belangrijk voor haar zijn. Er zit een liturgie in van de begrafenisdienst van een medebewoner die een aantal maanden geleden is overleden. Ook zit er een sleutelhanger in die ze ooit gekregen heeft van een begeleidster die jaren geleden is vertrokken. Er zit een kleine rode bal in, die ze altijd meeneemt als ze naar haar zus gaat. De tas van Sandra staat symbool voor de mensen die belangrijk voor haar zijn en voor haar emoties die ze niet onder woorden kan brengen.*

Ook identificatie met bepaalde figuren of voorkeur voor bepaalde films of televisieprogramma's kunnen iets vertellen over wat de persoon bezighoudt. Door vragen te stellen kan de begeleider ontdekken wat de betekenis daarvan is. Het is belangrijk dat de begeleider de levensgeschiedenis en de situatie van de persoon kent en weet welke mensen belangrijk voor hem zijn. Dat kan hem helpen in te schatten wat de betekenis is van het gedrag.

De 42-jarige Andreas kijkt graag naar het programma Spoorloos. Op een avond kijkt hij samen met zijn begeleider televisie en zien ze hoe iemand na vele jaren zijn ouders terugvindt. 'Kunnen we ze niet eens bellen dat ze dat ook voor mij doen?' vraagt hij. 'Dan konden ze mijn vader misschien wel vinden.'
De begeleider legt aan Andreas uit dat dit niet zomaar gaat. Een cameraploeg komt niet bij iedereen aan de deur. Andreas is boos en teleurgesteld over het antwoord.

De begeleider gaf letterlijk antwoord op de vraag van Andreas, zonder zich te verdiepen in de vermoedelijke betekenis ervan. Door te vragen wat Andreas zo mooi vindt aan het programma en door zich te verdiepen in de levensgeschiedenis van Andreas kan hij ontdekken wat de werkelijke vraag is.
Na een teamoverleg besluit de begeleider de volgende keer anders te reageren op de wens van Andreas. Dan blijkt dat Andreas worstelt met het feit dat hij zijn vader nooit gekend heeft. Hij kon het zelf niet onder woorden brengen. Door het televisieprogramma kon hij dit onderwerp versluierd aanroeren.

Mensen met een verstandelijke beperking hebben hun begeleiders nodig om de juiste woorden te vinden voor datgene wat hen bezighoudt en om erkenning te krijgen voor wie ze zijn als persoon. Omgekeerd zullen begeleiders ontdekken dat levensthema's van hun cliënten gelijk kunnen zijn aan die van henzelf.

## 7.5   Richtlijnen voor spelobservatie

Een spelobservatie verloopt het best wanneer het kind zich veilig en uitgerust voelt en ook daadwerkelijk de gelegenheid krijgt te spelen. Zorg daarom, voordat je gaat observeren, voor condities die het kind uitnodigen om te laten zien hoe en wat hij speelt. Rubin, Fein en Vandenberg (1983) onderscheiden de volgende voorwaarden als uitnodigend tot spelen:
- aantrekkelijk spelmateriaal en/of aantrekkelijke speelkameraadjes;
- de afspraak dat het kind vrij is om te doen binnen duidelijke grenzen;
- minimale inmenging van volwassenen;
- een atmosfeer waarin het kind zich veilig en op zijn gemak voelt;
- de afwezigheid van lichamelijk ongerief.

In de praktijk betekent dit dat je allereerst voor een ruimte dient te zorgen waar een kind ongestoord kan spelen en waar spelmateriaal aanwezig is dat aansluit bij het ontwikkelingsniveau en de belevingswereld van het kind.

Daarnaast is het belangrijk dat je het kind vertelt dat hij in deze ruimte zelf mag weten wat hij wil doen (uiteraard binnen redelijke grenzen, dat wil zeggen: speelgoed niet kapot maken, geen speelgoed meenemen uit de spelkamer, niet met zand gooien enz.).

Je stelt je als observator in principe volgend op. Het initiatief tot het spel leg je zo veel mogelijk bij het kind. Dat betekent niet dat je niet mag meespelen. Zeker als het kind daar nadrukkelijk om vraagt speel je mee, maar ook dan volg je het kind in zijn spel en laat je de regie over het spel bij het kind.

Als het kind dat je observeert jou nog niet kent, is het belangrijk dat je het kind de tijd geeft om aan je te wennen. Pas dan zal het zich immers veilig en op zijn gemak voelen. Bij de meeste kinderen werkt het daarom goed de observatie in ten minste twee sessies uit te voeren. Voor sommige kinderen zijn er meer sessies nodig.

Zorg er ten slotte voor dat je op een tijdstip speelt waarop het kind niet vermoeid is. Let er ook op of het kind geen honger of dorst heeft. Al dit soort lichamelijk ongerief zal het spel van het kind zeker beïnvloeden.

In hoofdstuk 9 zullen we deze voorwaarden nog specifieker uitwerken bij het beschrijven van de werkwijze van de spelbegeleider.

# 8 Een werkplan voor spelbegeleiding

In hoofdstuk 6 hebben we gezien dat we een aantal vaste stappen kunnen onderscheiden binnen de methode van spelbegeleiding: beeldvorming, het maken van een werkplan voor spelbegeleiding, uitvoeren van de spelbegeleiding en evaluatie.
In dit hoofdstuk behandelen we het opstellen van een werkplan voor spelbegeleiding. We zullen daarbij het voorbeeld gebruiken van Marco (uit hoofdstuk 1).

Nadat er een beeld is gevormd van het kind en zijn spel, stellen we een plan op om op een methodische manier met het kind te gaan spelen. Een werkplan voor spelbegeleiding bestaat uit vier onderdelen en heeft meestal onderstaand 'format':

### Richtlijnen voor het opstellen van een spelwerkplan

1 Hypothese:
   Wat zijn de kwaliteiten en hiaten op spelgebied bij dit kind?
   ... is een kind dat ... waardoor ...
2 Hulpvraag:
   Om welke hulp vraagt het kind?
   Help me om ...
   Leer me ...
3 Doelstelling:
   Wat wil je met de spelbegeleiding bereiken?
4 Strategie:
   Hoe wil je de doelstellingen bereiken?
   – speltype
   – materiaal
   – omgeving
   – houding
   – spelbegeleidingstechnieken

## 8.1 Een spelwerkplan voor Marco

Om een goed spelwerkplan voor Marco te kunnen maken, is eerst een goede beeldvorming nodig. We vermelden daarom eerst de diagnostische gegevens en een analyse van de gegevens uit de spelobservatiesessies.

Marco is 10 jaar, gaat overdag naar de ZMLK-school.
Zijn ouders en leerkracht maken zich zorgen over hem. Hij is snel boos, moppert veel, heeft veel aanvaringen met andere kinderen.
Samen spelen met andere kinderen kan hij niet.
Hij vindt het moeilijk om zelf te spelen, gooit spelmateriaal snel van zich af en roept dat het stom is. Afgesproken wordt dat hij individuele spelbegeleiding krijgt.

### 8.1.1 DIAGNOSTISCHE GEGEVENS VAN MARCO

In het dossier van Marco wordt hij beschreven als een drukke, beweeglijke jongen. Hij is tenger en beweegt zich houterig. Hij heeft als jong kind vaak in het ziekenhuis gelegen in verband met voedingsproblemen. Marco is het oudste kind in een gezin met vier kinderen. Hij heeft twee jongere broers en een zusje. In het verslag van het psychologisch onderzoek wordt vermeld dat hij een ontwikkelingsleeftijd heeft van 5 jaar. Op didactisch gebied functioneert hij op het niveau van groep 2. Thuis zijn er problemen met Marco omdat hij snel boos is als de dingen anders gaan dan hij in zijn hoofd heeft.
Op school kan hij niet spelen met andere kinderen. Als hem iets niet lukt, wordt hij boos en reageert hij met schelden en vloeken. In situaties die nieuw voor hem zijn reageert hij door te mopperen en te roepen dat hij dit niet wil. Regels en structuur zijn belangrijk voor Marco.

### 8.1.2 OBSERVATIE VAN MARCO'S SPEL

Als Marco de spelkamer binnenkomt, weet hij niet goed wat hij moet kiezen. Hij pakt wat auto's, rijdt ermee heen en weer en kijkt verlegen om zich heen.
'Vind je het leuk om met Knex iets te maken?' vraagt de spelbegeleidster. 'Nee, dat is stom,' zegt Marco en schudt heftig met zijn hoofd. 'Kijk, ik heb hier een voorbeeld, dat kunnen we samen namaken,' wijst de spelbegeleidster. Ze begint zelf met het namaken van het voorbeeld en schoorvoetend begint Marco mee te doen. Na een poosje wordt hij enthousiast als hij merkt dat het hem lukt om het voorbeeld na te maken.

In de twee observatiesessies daarna kiest Marco steeds voor eenvoudige gezelschapsspellen zoals memory, vier op een rij en voor de auto's. Hij weet weinig invulling te geven aan het spel met de auto's. Hij laat vluchtig spel zien en springt daarbij van de hak op de tak. Er is geen verhaallijn in het spel te ontdekken. Hij is vaak bezig met ordenen. Bij het gezelschapsspel vraagt Marco veel bevestiging van de spelbegeleidster. 'Ik heb er nu vier, hè?'

*Spel op uitingsniveau: hoe speelt Marco?*
Een drietal observaties levert de spelbegeleidster de volgende gegevens op.

Spelniveau
Marco speelt onder zijn ontwikkelingsniveau. Hij heeft een ontwikkelingsleeftijd van 5 jaar en een spelniveau van ongeveer 3,5 jaar. Hij laat vooral functioneel spel zien waarbij hij ordenend te werk gaat. Het hoogste niveau dat hij zelfstandig laat zien is eenvoudig constructiespel. Fantasiespel en eenvoudige spelletjes met regels kan hij alleen spelen met hulp van de spelbegeleidster.

Spelkeuze
Marco kan zelfstandig kiezen. Hij kiest meestal voor constructie- of symbolisch spelmateriaal, waar hij over het algemeen functioneel mee speelt. Hij heeft een voorkeur voor lego en auto's, kiest soms voor andere soorten materiaal.
Hij heeft duidelijke voorkeuren, daar komt hij steeds weer op terug. Toch is zijn spel redelijk gevarieerd.

Spelduur
Marco vindt het moeilijk om langere tijd achtereen met hetzelfde materiaal te spelen. Het lijkt alsof hij geen echte invulling aan zijn spel kan geven, waardoor het spel hem snel verveelt.
Hij is snel afgeleid. In een prikkelarme omgeving lukt het hem beter om zich langer op zijn spel te concentreren. Hij wisselt gemakkelijk van spel, maar maakt zijn eerdere spel meestal niet af. Hij breekt het plotseling af en begint aan iets anders. Al met al is zijn spel van korte duur.

Spelkwaliteit
Marco kan geen diepgang brengen in zijn spel. Zijn spel blijft vluchtig en oppervlakkig. Hij lijkt niet goed te weten hoe hij met verschillende materialen kan spelen en laat zich meer leiden door het materiaal dan

door wat hij zelf bedenkt. Zijn spel is onrustig, gehaast en soms chaotisch. Hij gaat niet planmatig te werk maar laat zich leiden door impulsen. Daardoor is het spel niet uitdagend voor hem en is het voor andere kinderen niet uitnodigend om met hem mee te spelen.
Hij lijkt weinig plezier te beleven aan het spel, het levert hem geen 'flow' op.

*Contact met medespelers*
Marco kan niet echt met andere kinderen spelen. Zijn spel heeft weinig structuur en is van dusdanig laag niveau dat het voor andere kinderen in zijn groep niet aantrekkelijk is om met hem samen te spelen. Marco lijkt niet te weten hoe op het spel van andere kinderen te reageren. Hij verbloemt dit door hard te schreeuwen dat het stom is. Aanvankelijk wil hij in de spelkamer ook niet spelen, maar wanneer de spelbegeleidster hem laat weten dat hij helemaal zelf mag bepalen wat hij wil doen en hoe, komt hij toch tot spel. Hij voelt zich al snel op zijn gemak, praat veel en laat het stoere gedrag dat hij in het begin liet zien, snel varen. Hij reageert positief op de inbreng van de spelbegeleidster. Haar structurerende opmerkingen lijken hem rust te geven en met haar hulp lukt het hem om op een hoger ontwikkelingsniveau te spelen. Er is in de derde sessie zelfs sprake van kort fantasiespel met de auto's.

### Spel op inhoudsniveau: wat speelt Marco?

*Identificatie met spelfiguur*
Tijdens de korte momenten dat Marco fantasiespel laat zien, geeft hij de spelbegeleidster de rol van de sterke figuur die de controle heeft over de situatie. Zij krijgt bijvoorbeeld de rol van politie. Marco zelf speelt de rol van een boos en uitdagend persoon.

*Thema's of gebeurtenissen*
Er komen een paar keer situaties voor waarin boeven iets gestolen hebben en achterna worden gezet door de politie. Er ontstaat een wilde achtervolging met auto's.
Marco kent daarbij de grens tussen spel en realiteit. Hij vindt het spel met de boeven wel erg spannend. Hij heeft rode wangen tijdens het spelen. Het spel is kort, wordt abrupt beëindigd.

### 8.1.3 HYPOTHESE OF PROBLEEMSTELLING

Op grond van de diagnostische gegevens en de analyse van de spelobservatie formuleren we een hypothese over de (spel)problemen van het kind of de volwassene wiens spel we gaan begeleiden. Deze hypothese omvat een korte samenvatting van onze beeldvorming en vormt ook een conclusie.

De spelbegeleidster heeft het vermoeden dat Marco's mopperen en roepen dat hij iets stom vindt, eigenlijk betekent dat hij onzeker is of hij het wel kan. Haar indruk is dat Marco weinig zelfvertrouwen heeft in het omgaan met zijn omgeving. Dit uit zich in zijn onvermogen om zodanig te spelen dat hij er ook van kan genieten. Ze komt op deze gedachte omdat Marco veel bevestiging vraagt en met enige ondersteuning al snel gaat spelen zoals overeenkomt met zijn ontwikkelingsleeftijd. Het valt haar op dat het stoere, schreeuwerige gedrag van Marco verdwijnt zodra hij goed in zijn spel zit.

Voor Marco wordt de volgende hypothese geformuleerd.

Marco is een jongen die door gebrek aan zelfvertrouwen weinig spelmogelijkheden durft te verkennen. Hij blijft daardoor hangen in chaotisch spel dat beneden zijn ontwikkelingsniveau ligt.

We spreken van een hypothese omdat het gaat om een interpretatie van het gedrag dat we hebben waargenomen bij de speler. Een hypothese is een interpretatie van wat we hebben waargenomen. Vaak ontwikkelen we tijdens het uitvoeren van de spelbegeleiding nieuwe inzichten die maken dat we onze hypothese scherper kunnen formuleren of juist moeten herzien.
Een hypothese wordt zo kort en bondig mogelijk geformuleerd en is gericht op het spelgedrag van het kind.
We willen hierbij opmerken dat er nooit één juiste hypothese bestaat. Er zijn meerdere manieren om een hypothese met een min of meer gelijke inhoud te formuleren.

### 8.1.4  HULPVRAAG
De hypothese wordt nu vertaald naar de hulpvraag. Bij het formuleren van de hulpvraag kruipen we als het ware in de huid van het kind. Wat heeft dit kind nodig om aan het werk te kunnen gaan met deze hypothese? Een hulpvraag wordt daarom altijd geformuleerd als:
'Help me om...' of: 'Leer me...'
Ook hier geldt weer dat er niet één juiste hulpvraag is, maar dat verschillende formuleringen mogelijk zijn.

Voor Marco wordt de volgende hulpvraag geformuleerd.

Help me om meer zelfvertrouwen te ontwikkelen, zodat ik meer spelmogelijkheden durf uit te proberen en daarmee mijn spel kan verdiepen en verbreden.

### 8.1.5 HET FORMULEREN VAN DOELSTELLINGEN

Vervolgens worden de doelstellingen geformuleerd. Werken met doelstellingen vormt het verschil tussen vrijblijvend spelen en spelbegeleiding. Op deze manier wordt het spel methodisch en systematisch begeleid.

Meestal worden een algemene hoofddoelstelling geformuleerd en een aantal specifiekere subdoelstellingen. Door middel van de subdoelstellingen kan stapsgewijs naar de hoofddoelstelling worden toegewerkt. In een doelstelling wordt beschreven wat het beoogde doel is. De doelstellingen worden zodanig geformuleerd dat er ook getoetst kan worden of ze wel of niet bereikt zijn. Met name de subdoelstellingen moeten daarom S(pecifiek), M(eetbaar), A(cceptabel), R(ealistisch) en T(ijdgebonden) zijn.

Voor Marco wordt de volgende algemene doelstelling geformuleerd:

Marco durft zelfstandig de mogelijkheden van verschillende spelvormen en materialen te ontdekken en komt op die manier tot spel dat aansluit bij zijn mogelijkheden en behoeften.

Hierbij horen de volgende subdoelstellingen:
*Marco verkent de mogelijkheden van constructie- en fantasiespel.*
Concreet betekent dit:
Marco gaat in op het constructiespel en het fantasiespel dat hem wordt aangeboden.

*Marco kan zelfstandig een spel op gang brengen en afronden.*
Concreet betekent dit:
Marco speelt met de spelbegeleidster domino en vier op een rij, waarbij hij het materiaal uitdeelt en na afloop opruimt, en/of speelt fantasiespel met een duidelijk begin en eind aan het spelverhaal.

*Marco kan langere tijd achtereen spelen.*
Concreet betekent dit:
Marco speelt minstens 10 minuten met hetzelfde spelmateriaal.

*Marco geniet van het spelen.*
Concreet betekent dit:
Marco is ontspannen, het moppergedrag blijft achterwege.

*Marco weet rust en diepgang aan zijn spel te geven.*
Concreet betekent dit: Marco bedenkt van tevoren wat hij met het spelmateriaal gaat doen en neemt de tijd om dit ook uit te voeren. In het fantasiespel worden herkenbare scènes en personages neergezet.

*Marco heeft meer zelfvertrouwen in zijn omgang met spelmateriaal.*
Concreet betekent dit:
Marco pakt uit zichzelf nieuw spelmateriaal en durft uit te proberen hoe dit werkt.

### 8.1.6 DE STRATEGIE

Nu we weten wat we met de spelbegeleiding willen bereiken, gaan we bedenken op welke manier we dat het beste kunnen doen. Daarvoor moeten we een strategie opzetten. Bij een strategie voor spelbegeleiding denk je na over de volgende vragen:
- Welke spelsoort(en) ga ik met dit kind spelen? (Eventueel bedenk je waar je mee gaat beginnen en waar je mee hoopt te eindigen.)
- Welk spelmateriaal bied ik het kind aan?
- Hoe richt ik de spelkamer in?
- Hoe lang en hoe vaak per week en op welk tijdstip ga ik spelen met het kind?

Ten slotte de belangrijkste vraag:
- Welke houding ga ik aannemen als spelbegeleider en hoe leg ik contact met het kind?

Daarbij is het natuurlijk van wezenlijk belang goed aan te sluiten bij de manier waarop het kind ervaringen ordent en zo meer, wat bij de beeldvorming van het kind naar voren is gekomen.

De laatste vraag in het plan is:
- Welke spelbegeleidingstechnieken gebruik ik daarbij?
In het volgende hoofdstuk zal dit worden toegelicht.

Voor Marco wordt de volgende strategie gekozen.
*Spelniveau*: in het begin zal de spelbegeleidster vooral functioneel spel en constructiespel stimuleren, omdat dit spelvormen zijn die Marco goed beheerst.

*Spelmateriaal*: omdat Marco goed kan aangeven waar hij mee wil spelen zal ze hem zelf laten kiezen wat hij wil doen. Ze zal hem daarnaast ook zelf materialen aanreiken waarmee je op verschillende manieren en niveaus kunt spelen, zoals lego, duplo, Knex, blokken, auto's, zand en klei.

*Inrichting van de spelruimte*: omdat Marco snel is afgeleid, besluit ze om de spelkamer prikkelarm te maken. Spelmaterialen waar niet mee gespeeld wordt, worden in de kast of buiten zicht gezet. Ze spelen met de rug naar het raam. Op de buitenkant van de deur wordt een bordje 'niet storen' gezet.

*Hoe vaak en hoe lang wordt er gespeeld*: de spelbegeleiding zal één keer per week plaatsvinden in de spelkamer, gedurende 45 minuten. Langer zal Marco niet aankunnen.

Iedere spelsessie zal steeds dezelfde opzet krijgen Dit geeft Marco overzicht en structuur en geeft hem duidelijkheid over hoe hij met zijn omgeving kan omgaan.

Marco mag eerst de spelkamer rondkijken om te zien wat er allemaal is. Dan gaan ze terug naar de tafel en mag Marco kiezen wat hij wil gaan doen. Daarna kiest de spelbegeleidster en ten slotte zullen ze de spelsessie afsluiten met een eenvoudig gezelschapsspelletje zoals memory, domino of vier op een rij. Uit de eerste sessies is gebleken dat Marco deze spelletjes nog niet echt kan spelen maar er heel erg van geniet.

*Houding van de spelbegeleidster*: de spelbegeleidster zal zich vooral volgend opstellen en Marco de regie geven. Uit de observatiesessies kwam naar voren dat het Marco rust geeft als er niet te veel van hem gevraagd wordt en hij zelf mag bepalen wat er gaat gebeuren. Wel zal ze de regie tijdelijk overnemen en overzicht creëren wanneer blijkt dat Marco vervalt in vluchtig en chaotisch spel. Dit geeft aan dat hij niet meer weet hoe hij aan de slag kan gaan. Door het spel dan meer invulling te geven voorkomt ze dat Marco zich incompetent voelt en mopperig en baldadig wordt.

*Spelbegeleidingstechnieken*: behalve het bovengenoemde structureren zal de spelbegeleidster veel verwoorden: wat er precies gebeurt in het spel, wat Marco en de spelpersonages beleven. Door dat te doen zal zij meer overzicht en diepgang geven aan het spel. Ze zal ook verwoorden wat Marco's inbreng is om hem bewust te maken van zijn invloed op het spel. Hiermee werkt ze aan zijn zelfvertrouwen.

Daarnaast zal ze veel voordoen door naast Marco te gaan spelen, zodat Marco dingen van haar kan overnemen wanneer hij dat wil. Ze zal

bewust naast hem spelen, zodat hij zelf kan kiezen of en wanneer hij zijn spel wil uitbreiden of verrijken.
In het volgende hoofdstuk zal meer uitleg worden gegeven over deze spelbegeleidingstechnieken.

## 8.2 De spelbegeleiding uitvoeren

Stapsgewijs leert Marco op deze manier de verschillende spelvormen en -materialen kennen.
Na een aantal maanden krijgt hij zoveel zelfvertrouwen dat hij zelf dingen bedenkt die hij wil maken. Hij weet deze ook steeds meer zelfstandig te construeren. Hij maakt een garage waar de auto's in kunnen en een benzinestation. Hij neemt steeds meer initiatief in het spel, pakt er poppetjes bij en maakt een spelverhaal.
Marco's favoriete spel is een achtervolging van een boevenwagen door de politie. In het begin moet de spelbegeleidster de politie zijn en vertelt Marco wat de politie moet doen. Het loopt altijd nog net goed af.

Bijzonder in deze spelbegeleiding is dat Marco zelf heel goed kan aangeven wat hij wel en (nog) niet zelfstandig aandurft in het spel. Marco geeft in het fantasiespel de spelbegeleidster een rol die haar de regie over het spel geeft. De politie is immers degene die bepaalt wat er wel en niet kan. Spelbegeleiding is des te krachtiger wanneer de spelbegeleider goed weet aan te sluiten bij de (on)mogelijkheden en behoeften van de speler.

Op een dag wil Marco zelf de politie zijn en mag de spelbegeleidster met de boevenwagen rijden. De politie rijdt achter de boeven aan en na een wilde achtervolging worden de boeven opgesloten in de gevangenis. Marco's gezicht straalt na afloop. 'Volgende keer gaan we het weer doen hè, en dan ben ik weer politie.'

Hiermee geeft Marco de boodschap: 'Ik kan het nu alleen. Ik heb voldoende vertrouwen in mezelf om zelf de regie te voeren.'

## 8.3 Evaluatie van de spelbegeleiding

Na 20 sessies vindt er een evaluatie plaats met de spelbegeleidster, de orthopedagoog, de leerkracht en de ouders van Marco.
De doelstellingen zijn behaald. Marco kent meer spelmaterialen, durft

ook onbekende spelmaterialen uit te proberen. Er is meer diepgang in zijn spel en hij speelt nu overeenkomstig zijn ontwikkelingsniveau.
Ook buiten de spelkamer lijkt zijn zelfvertrouwen te zijn toegenomen. De ouders vertellen dat er minder conflicten zijn met zijn broers en zusje en dat hij zich thuis beter alleen kan vermaken.
Op school zijn er minder conflicten met andere kinderen, hij kan beter aansluiten bij het spel van anderen. Hij durft nu ook om hulp te vragen als iets hem niet lukt.
Marco blijft wel een kwetsbare jongen. Als hij geen overzicht heeft over een situatie of als er onverwachte dingen gebeuren, roept hij nog steeds dat hij het stom vindt en niet meer meedoet. Maar de eigenlijke boodschap achter dit gedrag is duidelijk geworden. In feite roept hij dan: help me even, want ik ben het overzicht kwijt. Door de spelbegeleiding heeft hij ervaren dat je het overzicht weer kunt hervinden en zijn zelfvertrouwen is daarmee steviger geworden. Daardoor is het nu mogelijk om hem sneller uit negatief gedrag te halen en hem weer mee te laten doen. Hierdoor is het leven een stuk plezieriger geworden voor Marco en zijn omgeving. Marco is een vrolijke jongen geworden. Zijn omgeving begrijpt hem beter en kan meer aansluiten bij zijn behoeften.

# 9 Spel begeleiden

In deel I van dit boek hebben we uiteengezet dat kinderen spelen om het plezier in het spelen zelf. Spelen komt voort uit een intrinsieke motivatie, wat betekent dat de drijfveer om te spelen vanuit het kind zelf komt (Rubin, Fein & Vandenberg, 1983; Van der Poel, 1994). Spelen is in feite spontaan en vrijwillig gedrag. Dit heeft een belangrijke consequentie voor de wijze waarop we het spel dienen te begeleiden. Willen we kinderen stimuleren om te gaan spelen, dan bereiken we dat niet met de opdracht 'ga maar spelen'. Deze opdracht ontneemt de mogelijkheid tot spontaan en vrijwillig gedrag. Er is een grote kans dat het kind gaat 'spelen' omdat het jou tevreden wil stellen. Het gedrag wordt dan extrinsiek gemotiveerd en is geen spelen maar het vervullen van een opdracht.

Alle kinderen uit de groep mogen iets voor zichzelf gaan doen. De 7-jarige Jan weet niet goed wat hij wil gaan doen. 'Pak de vrachtauto maar, dan mag je daarmee spelen,' zegt de juf. Jan pakt schoorvoetend de vrachtauto en rijdt daarmee heen en weer. Hij kijkt tijdens het rijden steeds naar de juf, alsof hij van haar wil horen dat hij het goed doet. Van echt spelen is duidelijk geen sprake.

Willen we een kind daadwerkelijk laten spelen, dan kunnen we hem slechts tot spelen uitnodigen en het kind de vrije keus laten of hij onze uitnodiging wil accepteren. Uiteraard zal het kind de uitnodiging eerder accepteren naarmate het aantrekkelijker wordt om te spelen. Rubin, Fein en Vandenberg (1983) maakten een inventarisatie van de factoren die een kind uitnodigen tot spelen. Zij vonden de volgende vijf factoren (zie ook paragraaf 7.5):
- aantrekkelijk spelmateriaal en/of aantrekkelijke speelkameraadjes;
- de afspraak dat het kind vrij is om te doen binnen duidelijke grenzen;
- minimale inmenging van buitenaf;

- een omgeving waarbinnen het kind zich veilig en op zijn gemak voelt;
- de afwezigheid van lichamelijk ongerief als vermoeidheid, honger of ziekte.

### 9.1 Een aantrekkelijke omgeving

De eerste voorwaarde volgens Rubin e.a. is het creëren van een uitdagende spelomgeving. Een omgeving daagt des te meer uit om te gaan (en blijven) spelen als deze goed aansluit bij de behoeften, interesses en mogelijkheden van het kind. De aanwezigheid van spelmateriaal dat aansluit bij de ontwikkelingsfase waarin het kind zich bevindt en mogelijkheden biedt tot verschillende spelvormen zullen de kans op spel doen toenemen. In hoofdstuk 3 is een overzicht gegeven van de spelvormen per ontwikkelingsfase. In een goede speelruimte vinden we voor iedere spelvorm verschillend materiaal. Wanneer er gespeeld wordt met volwassenen met een verstandelijke beperking is het van belang voor iedere spelvorm materiaal te zoeken dat past bij de volwassen leeftijd en het volgroeide lichaam. Zo kun je ook sensopathisch spelen met (brood)deeg, kun je met een keyboard of telefoon ook goed spelend manipuleren of combineren, enzovoort. Er zijn ook fabrikanten die speelmateriaal maken dat speciaal is ontwikkeld voor volwassenen met een verstandelijke en/of lichamelijke beperking.

#### Inrichting van een spelkamer
De spelkamer moet een rustige ruimte zijn met afsluitbare kasten om prikkels te verminderen.
Er moeten verschillende speelplekken zijn zoals:
- een zand-watertafel met trechters, flessen, spons, bootjes, zandvormpjes, enzovoort;
- een plek waar getekend, geschilderd, enzovoort kan worden;
- een poppenhoek met tafel en stoeltjes;
- een hoek met constructiemateriaal;
- een bank of matras (om uit te rusten, een boekje te lezen, als bed in rollenspel).

Verder moet er allerlei spelmateriaal zijn zoals:
- poppenhuis met inventaris en met popjes van verschillende grootte;

- diverse grote poppen en spullen die daarbij horen, zoals een poppenwagen, kleertjes, zuigfles, serviesje, fornuis, bedje;
- speelgoedbeesten van zacht materiaal (knuffels);
- verkleedkleren, dokterskoffer, politie-, brandweer-, ridder-, indianenuitrusting en dergelijke;
- telefoon;
- boekjes, tijdschriften;
- expressiemateriaal: tekenspullen, verf, klei, lijm, schaar, kosteloos materiaal;
- sensopathisch materiaal: scheerschuim, olie, bodylotion, bak met macaroni, rijst, bonen;
- zintuiglijk spelmateriaal: tast-, kijk-, geluidsmateriaal zoals zaklamp, aluminiumfolie, ballen en dergelijke;
- constructiemateriaal zoals lego, duplo, blokken, Knex;
- auto's, hulpverleningsauto's, vrachtauto's, garage;
- playmobil: poppetjes, hekken, bomen en dergelijke;
- dierfiguren en mensfiguren, van verschillende grootte en met verschillende uitdrukkingen;
- bak met zand om scènes in uit te beelden;
- boerderij met toebehoren;
- trein met rails;
- winkelspullen;
- poppenkast en handpoppen;
- gezelschapsspelen.

## 9.2 In het spel is het kind de baas

Een van de kenmerken van spel is dat de speler zelf bepaalt wat en hoe hij speelt. In het spel bepaalt hij immers zelf op wat voor manier en op welk niveau hij met de hem omgevende wereld omgaat. Daarom is het belangrijk dat de speler de ruimte krijgt om dat daadwerkelijk te doen. De enige grens is dat hij zichzelf en anderen geen pijn doet en dat hij het speelgoed niet bewust kapotmaakt (zie paragraaf 7.3).
Als spelbegeleider voeg je je naar wat de speler plezierig vindt. Goed invoegen bij het spel is een belangrijke competentie van de spelbegeleider. Dat doe je door de speler zo veel mogelijk te volgen in zijn spel en hem te laten bepalen hoe en wat er gespeeld wordt.

We zijn al snel geneigd om het spel nieuwe impulsen te geven door nieuwe of extra ideeën aan te reiken. Volwassenen geven nogal eens een invulling aan het spel van kinderen die meer aansluit bij hun eigen behoefte dan bij die van het kind. Zeker bij jonge kinderen of bij kinderen die om andere redenen op een laag spelniveau spelen, zien we dit gebeuren.

Thomas speelt graag met de garage en auto's. Hij kan lange tijd bezig zijn met het naar boven takelen van de auto's met het liftje dat zich in de garage bevindt, om ze vervolgens weer naar beneden te laten rijden. Zo is hij ook aan het spelen als zijn vader binnenkomt.
Vader begroet zijn zoon vrolijk: 'Hé man, ben je lekker aan het spelen?' Hij pakt ook een auto, de takelauto. Als Thomas weer een auto naar beneden laat rijden, haakt vader deze aan de takelauto en rijdt hem naar de brug in de garage. 'Zo, deze moet gemaakt worden,' zegt vader en hij begint zogenaamd aan de auto te sleutelen. Thomas stopt zijn spel en kijkt toe hoe zijn vader speelt. Hij speelt zelf niet meer. Na vijf minuten loopt hij bij de garage weg. 'Wil je niet meer spelen?' vraagt zijn vader teleurgesteld.

De houding van Thomas' vader is op zich heel stimulerend. Door mee te gaan spelen, geeft hij Thomas de boodschap dat hij het spel van Thomas de moeite waard vindt. Dit is een houding die in veel gevallen tot spelen zal stimuleren. Toch werkt zijn interventie averechts. Dit komt omdat hij het spel van zijn zoon niet volgt, maar insteekt op een niveau dat veel hoger ligt dan dat van Thomas. Thomas kan dit spel nog niet spelen, het is te moeilijk voor hem en hij haakt daarom af.

Ook als we wel op het juiste ontwikkelingsniveau insteken, blijft het vaak moeilijk om de regie van het spel volledig bij de speler te laten. Al snel geven we het spel onbewust een interpretatie, die anders kan zijn dan de speler bedoelde.

Rosa is met een poppenhuis aan het spelen. Voor het huis heeft ze een grote tafel geplaatst met negen stoelen eromheen. Op de stoelen zitten verschillende poppetjes die ze mama, papa, opa, oma en kindjes noemt. De poppetjes krijgen allemaal eten van de omapop. Rosa maakt smakgeluidjes. 'Ze vinden het eten lekker', zegt ze. Een poppetje, een 'kindje' met lange vlechten, staat plotseling op van tafel en loopt weg naar achter het huis. 'Ze gaat lekker weglopen', zegt Rosa. Na enige tijd komt het poppetje weer terug en gaat weer aan tafel zitten. Daarna loopt ze weer weg en komt weer terug. Dit herhaalt zich verschillende keren. De spelbegeleidster, die als doelstelling heeft het spel van Rosa te verdiepen en te verbreden, besluit zich met het spel te gaan bemoeien. Als het poppetje weer wegloopt, vraagt ze Rosa: 'Waar gaat ze toch steeds naartoe?' Rosa stopt onmiddellijk met spelen en kijkt haar stomverbaasd aan. 'Weet ik veel,' antwoordt ze.

De spelbegeleidster interpreteerde de herhaling in het spel van Rosa als het stokken van het spelverhaal. Ze meende dat Rosa niet goed wist hoe ze het verhaal verder vorm moest geven. Rosa was echter in een fase waarin ze hard bezig was haar autonomie te verwerven. De kern van haar spel was de ambivalentie die het verwerven van autonomie met zich meebrengt; enerzijds de eigen wil volgen, anderzijds de angst de ander te verliezen wanneer er niet wordt gehoorzaamd. Het weggaan en weer terugkomen weerspiegelde deze ambivalentie. Het draaide om het weggaan in dit spel. Wáár het poppetje naartoe ging, was niet relevant. Hierdoor haalde de interventie van de spelbegeleidster die bedoeld was om het spel te verdiepen, Rosa juist uit haar spel.

In spel is de speler de baas. Het is essentieel dat we de speler die ruimte geven. Daarmee geven we de speler de gelegenheid om met zijn omgeving om te gaan op een manier die precies past bij wat hij op dat moment kan en aankan. Daarmee geef je de speler ook de kans op zijn manier met zijn omgeving om te gaan, zodat hij volledige controle ervaart. In deel I van dit boek zagen we dat juist dit gevoel van optimale controle het spelen zo plezierig maakt.

## 9.3 Spelbegeleidingstechnieken

Rubin e.a. noemen minimale inmenging van buitenaf als de derde factor die het kind tot spelen zal uitnodigen. In de vorige paragraaf werd al duidelijk dat we ons het best niet te veel met het spel van een kind moeten bemoeien. In elk geval moeten we de regie bij het kind laten. De meeste kinderen spelen vanzelf en uit zichzelf. Bij hen hoeven we ons niet met het spel te bemoeien, we zullen hen alleen maar storen als we ons in hun spel mengen. Er zijn echter ook kinderen die niet uit zichzelf tot spelen komen of zich krampachtig aan een bepaalde manier van spelen vasthouden. Een spelbegeleider zal zich wel met dit spel moeten bemoeien, wil hij het kind tot (beter) spel uitdagen.
Dit doet hij vooral door zelf (mee) te spelen, door de speler te laten zien en te laten ervaren hoe je kunt spelen en hoe je daarvan kunt genieten. Een goede spelbegeleider moet daarom in eerste instantie zelf een goede speler zijn. Wanneer je zelf niet van spelen houdt, kun

je onmogelijk aan het kind overdragen dat spelen plezierig is. Als spelbegeleider dien je daarom in de eerste plaats over goede spelvaardigheden en een breed spelrepertoire te beschikken.

Een spelbegeleider is echter meer dan alleen een medespeler. Hij beschikt over een aantal begeleidingstechnieken die de speler ondersteunen bij het (verder) ontwikkelen van zijn spelmogelijkheden. De belangrijkste technieken zijn:
- verwoorden
- stimuleren
- structureren.

Deze technieken kan hij inzetten om het spel meer uit te diepen, de speler nieuwe spelmogelijkheden te laten ervaren en vooral meer plezier te laten beleven aan spelen.

### 9.3.1 HET SPEL VERWOORDEN

Verwoorden is het onder woorden brengen van wat er in het spel gaande is, van wat de spelers of de spelfiguren aan het doen zijn en welke gevoelens daarbij spelen. Het betreft het benoemen van ervaringen die het spel verdiepen. Hierdoor helpt de spelbegeleider de speler meer betrokken te zijn bij het spel en tegelijkertijd goed greep op het spel te houden. Door te verwoorden wat er gebeurt ('dat paard gaat eens lekker hooi eten'), wat de spelfiguren beleven ('die man schrikt van dat spook') of wat de speler zelf ervaart ('dat droge zand voelt lekker warm') wordt het spel verduidelijkt en geïntensiveerd.

De 4-jarige Janneke is aan het spelen met de spelbegeleidster. Ze is een verlegen en teruggetrokken kind dat weinig initiatief neemt. Ze heeft een poppetje in haar handen en laat het vallen op de tafel. Ze pakt het poppetje daarna weer op en laat het opnieuw vallen. Ze kijkt daarbij verlegen en afwachtend naar de spelbegeleidster. Die glimlacht naar haar en zegt: 'Het poppetje is gevallen en nu staat het weer'. Janneke laat het poppetje opnieuw vallen en weer opstaan. De spelbegeleidster zegt: ' Tjonge, het poppetje is weer gevallen, maar kijk, het staat weer op'. Janneke herhaalt de handeling verschillende keren en kijkt de spelbegeleidster daarbij stralend aan.

### 9.3.2 HET SPEL STIMULEREN

Spel stimuleren gebeurt door de spelmogelijkheden uit te breiden of iets nieuws aan het spel toe te voegen waarmee het spel boeiender wordt gemaakt. Stimuleren kan nodig zijn om de speler gerichter, doelbewuster, intensiever en meer doorleefd te laten spelen. Wanneer kinderen bijvoorbeeld uitsluitend met auto's tegen elkaar aan botsen kun je het spel gerichter en doorleefder maken door een garage aan het spel toe te voegen en voor te stellen de kapotte auto's naar de garage te brengen met een takelwagen. Het gaat erom een variatie toe te voegen die aansluit bij het spel van het kind.

Mark, Anton en Hendrik zijn bezig met een boerderij. Ze verzamelen tractoren en andere landbouwvoertuigen en zetten die in de schuur. Ze gebruiken daarbij slechts een klein deel van de ruimte. Omdat ze blijven hangen in het ordenen van de voertuigen, neemt de spelbegeleider na verloop van tijd de rol van koopman op zich. Hij gaat aan een andere tafel zitten en vertelt dat hij nog andere tractoren voor hen te koop heeft voor een schappelijke prijs. De jongens gaan naar hem toe en er ontstaat een spel van onderhandelen over de aanschaf van andere voertuigen.
De ruimte waarin gespeeld wordt is nu groter geworden en er is meer variatie gekomen in het spel.

### 9.3.3 HET SPEL STRUCTUREREN

Een spelbegeleider moet ook kunnen structureren om het spel en de spelomgeving overzichtelijk te maken. Structuur biedt houvast, duidelijkheid en daardoor veiligheid. Vooral impulsieve kinderen die snel zijn afgeleid en vluchtig spelen hebben hier baat bij.
Structureren kan betekenen dat de spelbegeleider het spel afremt of ingrijpt in het spel. Afremmen of ingrijpen kan bijvoorbeeld nodig zijn als kinderen speelgoed stuk maken of de greep op hun spel verliezen en zo druk worden dat de andere kinderen hun spel niet meer kunnen volgen. Een goede spelbegeleider zal echter vooral structureren door mee te spelen in spel dat erg onrustig dreigt te worden en in te grijpen via zijn rol in het spel. Zo kan een meespelende automobilist aangeven dat het wel erg druk is op de weg met al die racende auto's.

Martin, Iris en Tom spelen met hun zelfgemaakte boten in de klas. Al snel varen de boten alle kanten op en botsen ze overal tegenaan. 'Ik ben de havenmeester hier. Zal ik jullie de weg wijzen naar de haven? Dan kunnen jullie daar tanken,' stelt de spelbegeleidster voor. De kinderen vinden dat een goed idee en al gauw koersen de boten achter elkaar aan naar een rustige plek in de klas.

## 9.4 Een veilige omgeving: je mag zijn wie je bent en je bent de moeite waard

Volgens Rubin e.a. is een gevoel van veiligheid de vierde essentiële voorwaarde om tot spelen te kunnen komen. Wanneer een kind zijn omgeving nauwlettend in de gaten moet houden omdat het zich niet veilig voelt, kan het zich niet goed overgeven aan het spel. Deze veiligheid creëren we onder meer door de fysieke omgeving uitnodigend en overzichtelijk in te richten. Een drukke en onoverzichtelijke ruimte zal het kind belemmeren in zijn spel.

*Jaap is met een trein aan het spelen in de klas, dicht bij een deur. Als hij een geluid hoort, kijkt hij steeds naar de deur om te zien of er iemand binnenkomt. Soms lopen andere kinderen langs hem heen. 'Hé, kijk uit!' roept hij dan. Hij is daardoor meer bezig met zijn omgeving dan met zijn spel.*
*De juf geeft hem daarom een plekje achter in de klas en schermt zijn ruimte af met een tafel, zodat niemand onverwacht bij hem kan komen. Jaap kan nu ongestoord spelen.*

**Vooral emotionele veiligheid bieden is belangrijk.** Dit bereik je onder meer door het kind te laten ervaren dat je hem onvoorwaardelijk accepteert: dat hij mag zijn wie hij is. Door het kind de boodschap te geven dat je hem de moeite waard vindt, zal het kind zich veilig en geaccepteerd voelen. Pas dan kan zijn spel optimaal tot ontplooiing komen.

*Quinten wordt uit de klas gehaald omdat hij mag spelen met Joyce, de spelbegeleidster. Aanvankelijk mochten twee andere kinderen uit zijn klas ook mee, omdat de leerkracht te kennen gaf dat ze alle drie moeite hadden met samenspelen. Na een paar sessies zag Joyce dat Quintens moeite met samenspel werd veroorzaakt door het feit dat hij op een veel lager spelniveau speelt dan zijn klasgenoten. Ze besluit Quinten een aantal keren individuele begeleiding te geven.*
*'Hé, komen de anderen niet meespelen?' vraagt Quinten verbaasd als Joyce hem komt halen.*
*'Nee, die mogen weer een andere keer komen spelen', antwoordt Joyce. 'Vandaag kom ik helemaal voor jou alleen.' 'Helemaal voor mij alleen', herhaalt Quinten verrukt. 'Dan blijf ik vandaag bij jou, de hele dag spelen.' Genietend gaat hij verder met zijn spel in de zandbak.*

## 9.5 De afwezigheid van lichamelijk ongerief

Ten slotte is het moment waarop je het kind uitnodigt tot spelen van groot belang. Een kind dat moe is of zich niet lekker voelt, zal moeilijker tot spelen komen en vaak voor een minder hoog spelniveau kiezen dan een kind dat fit en uitgerust is. Vaak wordt spel als een soort sluitpost van de dag gezien. Zeker in het onderwijs wordt het nogal eens gebruikt als een overgangsmoment. Spel wordt dan aan het eind van de dag op het lesrooster gezet. De kinderen zijn dan moe en mogen het laatste deel van de schooldag, voordat ze naar huis gaan, met spel bezig zijn. Het is beter om de kinderen op een tijdstip van de dag te laten spelen dat ze nog fit zijn. Ze zullen dan beter kunnen spelen en staan dan ook meer open voor nieuwe spelvormen en materialen.

## 9.6 Egosteun bieden

In feite zijn bovenstaande condities en interventies er allemaal op gericht het kind op een zo plezierig mogelijke manier te laten omgaan met zijn omgeving. Hiermee nodigen we het kind uit om tot spelen te komen, maar bieden we het kind ook de gelegenheid om een gezond zelf op te bouwen. De houding en de interventies van de spelbegeleiding zijn er in alles op gericht het kind te laten ervaren dat hij invloed uit kan oefenen op zijn omgeving. Het kind kan zelf sturing en richting geven aan de manier waarop hij zijn plaats kiest ten opzichte van zijn omgeving. Hiermee geven we het kind niet alleen een plezierige tijdsbesteding, maar dragen we ook bij aan een gezonde ontwikkeling van het zelf. In hoofdstuk 5 hebben we gezien dat een kind zijn zelf en zelfbeeld vult door middel van ervaringen die hij opdoet in de omgang met zijn omgeving. In spel doet het kind per definitie positieve ervaringen op in zijn omgang met de omgeving. Zeker wanneer dit goed begeleid wordt, zal dit op een positieve manier bijdragen aan de ontwikkeling van een gezond zelf en zelfbeeld.

### 9.6.1 ZIJNSCOMPLIMENTEN GEVEN

Voor de ontwikkeling van een gezond zelf en zelfbeeld is het belangrijk als spelbegeleider de succeservaringen van de speler te benoemen. Deze ervaringen helpen het kind zijn zelf op een positieve manier te vullen. De wijze waarop je dat het beste kunt doen, hangt af van de ontwikkelingsfase van het kind.

Het gaat erom het kind niet zozeer complimenten te geven om *wat het kan*, als wel om *wie het is*. We noemen dat de 'zijnscomplimenten'.

Mark is dol op het knikkerspel. Hij mikt de knikkers heel nauwkeurig. Na afloop zegt de spelbegeleidster: 'Hé, die knikker gaat precies door dat poortje. Jij bent een goede knikkeraar, zeg'.

Marije is 28 jaar en heeft al veel meegemaakt in haar leven. Ze krijgt spelbegeleiding en geniet daarbij van de individuele aandacht en het samen bezig zijn. Ze vertelt tijdens de spelactiviteiten veel over zichzelf. Tijdens het knutselen vertelt ze bijvoorbeeld dat ze uiteenlopende dingen heeft ondernomen in haar leven. Ze is vaak aan een opleiding begonnen, heeft diverse baantjes gehad, maar het is haar niet gelukt om een opleiding af te maken of een vaste baan te krijgen.
'Maar ik ga door,' zegt ze, 'ik heb me weer opgegeven voor een cursus, want ik wil verder'.
'Je bent een echte doorzetter,' zegt de spelbegeleidster.

### 9.6.2 INSTEKEN OP WAT DE SPELER AANKAN

Ook met de keuze voor de spelactiviteiten kan een belangrijke bijdrage worden geleverd aan het opbouwen van een gezond zelf. In de eerste plaats is het belangrijk dat de spelbegeleider zich niet te zeer laat leiden door de ontwikkelingsleeftijd van de persoon. Deze is in veel gevallen vooral gebaseerd op diens cognitieve vermogens. Juist bij mensen met een verstandelijke beperking zien we vaak een heel disharmonische ontwikkeling op verschillende ontwikkelingsgebieden. Door te zeer af te gaan op de cognitieve mogelijkheden, sluiten we niet goed aan bij wat de persoon aankan. Dit zal de competentiebeleving in het omgaan met de wereld zeker niet ten goede komen. Een goede observatie van het spontane spelniveau is daarbij uiteraard essentieel.

### 9.6.3 OOG HEBBEN VOOR WIE DE SPELER IS

Verder is het uitermate belangrijk dat de spelbegeleider oog heeft voor wie de persoon daadwerkelijk is. Hij dient goed te zoeken naar spelvormen die aansluiten bij die specifieke persoon. Dit wordt des te lastiger en vraagt veel creativiteit wanneer er een grote discrepantie is tussen de zogeheten ontwikkelingsleeftijd en de kalenderleeftijd van een persoon. Een stoere puber die speelt op het niveau van spelend omgaan/functioneel spel, geven we geen nestkubus of vormenstoof. Wel kunnen we hem een synthesizer aanbieden of laten timmeren of sleutelen aan brommeronderdelen. Hiermee geven we hem niet alleen een manier om 'flow'-ervaringen op te doen (waarmee we de ontwikkeling van een gezond zelf steunen), maar erkennen we ook wie hij is: een jongen in de puberleeftijd. Hiermee geven we hem een volwaardige plek in onze maatschappij. We erkennen hem als persoon. We geven hem een zelf en een zelfbeeld waar hij trots op zal zijn.

### 9.6.4 RESPECT EN BEGRIP TONEN VOOR DE BOODSCHAP VAN DE SPELER

Daarnaast is het belangrijk dat je met het kind te kennen geeft dat je zijn spel ziet en begrijpt door er op een goede manier op te reageren. Laat het kind merken dat je zijn boodschap hebt opgepikt.
Even terug naar Youri die de grommende beer speelt en juf Ellen (paragraaf 7.3.1). Wanneer Youri het spel van de andere kinderen verstoort, kun je tegen hem zeggen: 'Spannend hè, als iedereen zo druk heen en weer loopt.' Hiermee geef je het kind aan dat hij er niet alleen voor staat.

Vervolgens is het belangrijk dat je de boodschap van het kind respecteert. Youri geeft aan dat hij angstig is als andere kinderen te dicht bij hem komen. Respecteer dat en geef hem de ruimte die hij nodig heeft. Youri heeft het nodig om een beer te zijn. Door zelf de rol van beer aan te nemen verstoort hij het spel van andere kinderen, wat juist oplevert dat hij negatief benaderd wordt door anderen. Ellen zou er goed aan doen om speelgoedberen aan te schaffen. Youri kan met de speelgoeddieren toch zijn behoefte aan ruimte en controle uitspelen zonder dat hij andere kinderen tegen zich in het harnas jaagt. Bij kinderen die veel te verwerken hebben, kan het spel soms behoorlijk agressief zijn. Het is heel belangrijk die agressie te accepteren, mits deze niet op medespelers gericht is, maar op de spelfiguren of zich uit tussen de spelfiguren onderling. Kinderen weten heel goed dat het spel is en niet echt. Juist daarom kunnen ze zich lekker uiten in het spel.

Door Youri de ruimte te geven zijn moeite met drukke, onoverzichtelijke situaties uit te spelen, kan hij dat een plek geven. Bovendien communiceer je dat je hem accepteert zoals hij is en ook zijn behoeften ziet en respecteert. Deze boodschap versterk je door met het kind mee te spelen. Hierbij is het heel belangrijk dat je het kind volgt in zijn spel. Als opvoeders zijn we snel geneigd om in het spel een pedagogische boodschap te geven of oplossingen aan te dragen. De boodschap: 'Een krokodil die bijt, maakt de andere dieren wel erg bang, hij kan beter niet meer bijten', kunnen we beter vervangen door de boodschap: 'Kijk die krokodil eens bijten, hij wil niet dat de andere dieren bij hem in de buurt komen.' Dit geeft het kind steun. Je laat het kind merken dat je hem begrijpt en vooral dat je hem accepteert. Het ervaren van deze steun leidt in de meeste gevallen al tot het verdwijnen van het negatieve gedrag. Daarnaast is het uiteraard belangrijk om het kind concreet te helpen waar je kunt. Zo kan Ellen Youri helpen door minder gestructureerde situaties overzichtelijker voor hem te maken. Dit kan bijvoorbeeld door met Youri te bespreken wat hij straks zal gaan doen als ze gaan spelen. Dan kan zij hem ook helpen het spel op gang te brengen door samen het benodigde materiaal te zoeken en vooral door een goede plek te vinden van waaruit hij de ruimte goed kan overzien.

### 9.6.5 FOCUS OP DE KWALITEITEN EN MOGELIJKHEDEN VAN DE SPELER

Ten slotte is een positieve invalshoek essentieel in de houding van een spelbegeleider. Onder een positieve invalshoek verstaan we dat de spelbegeleider zich laat leiden door de kwaliteiten en groeimogelijkheden van een kind. Uitgangspunt zijn de mogelijkheden en kwaliteiten van een kind, je laat je niet leiden of beperken door de onmogelijkheden of beperkingen of de (sociale) omgeving.

Dit betekent overigens niet dat je de ogen sluit voor eventuele beperkingen en/of ontwikkelingsproblemen. Een goede inschatting van de behoeften en mogelijkheden van het kind is noodzakelijk om goed te kunnen invoegen bij het kind. Naast adequate kennis van de spelontwikkeling is kennis van de beperking(en) en/of andere ontwikkelingsproblemen van het kind nodig om deze inschatting goed te kunnen maken. Maar het is daarbij belangrijk om voor ogen te houden *wie* het kind is als persoon en zich niet (alleen) te laten leiden door de problemen en beperkingen van het kind, het *wat* (Isarin, 2004).

Door het spel van het kind op deze manier te begeleiden bied je het kind de ervaring dat hij invloed heeft op zijn omgeving. In deel I van dit boek hebben we uiteengezet waarom dit juist bij mensen met een verstandelijke beperking zo belangrijk is. Dit geeft de speler de kans om op een plezierige manier een gezond zelf op te bouwen. In het volgende hoofdstuk zullen we een aantal casussen beschrijven die illustreren en inzichtelijk maken hoe je door middel van spel de ontwikkeling van een gezond zelf kunt stimuleren.

# Spelend werken aan een gezond zelf

Kinderen en volwassenen met een verstandelijke beperking hebben vaak weinig zelfvertrouwen. Zoals al gezegd in hoofdstuk 5, kan een gebrek aan zelfvertrouwen verschillende oorzaken hebben.
Het kan te maken hebben met:
- onvoldoende zelfbesef, onvoldoende ervaren hebben dat je er bent, dat je een eigen zelf hebt;
- gebrek aan autonomie, niet het gevoel hebben dat je iets kunt, dat je invloed hebt op je omgeving;
- geen zelfbeeld, niet weten wie je bent en wat je kwaliteiten zijn;
- gebrek aan zelfwaardering, een negatief zelfbeeld.

We laten in dit hoofdstuk aan de hand van voorbeelden zien hoe je door middel van spelbegeleiding het zelf kunt ondersteunen. Daarbij is het nodig te weten om welk deelgebied van de zelfontwikkeling het gaat. We laten van elk van de bovengenoemde opeenvolgende fasen een voorbeeld zien.

## 10.1 Spelbegeleiding om het zelfbesef te versterken

Iemand kan op het gebied van zelfredzaamheid veel vaardigheden hebben. De indruk kan dan ontstaan dat hij stevig in de wereld staat, dat hij veel aankan.
Door zijn gedrag en in zijn spel kan echter blijken dat de persoon weliswaar veel *kan*, maar niet in dezelfde mate *aankan*. Hij heeft juist extra ondersteuning nodig om te ervaren dat hij bestaat, dat hij iemand is, los van de ander.
We geven twee voorbeelden, van Stefan en van Anita, waarbij het gaat om het versterken van het zelfbesef.

### 10.1.1 STEFAN

Stefan is een jongen van 12 jaar. Hij laat veel stoer en baldadig gedrag zien, scheldt en schreeuwt. De leerkracht van Stefan heeft moeite met Stefans gedrag. Met zijn stoere geschreeuw houdt hij niet alleen zichzelf maar ook de andere kinderen van het werk. De leerkracht vraagt de spelbegeleidster of zij Stefan wil begeleiden.

De spelbegeleidster begint met Stefan te observeren in de klas om een goed beeld te kunnen vormen van wie Stefan is, wat hij goed kan en waar hij moeite mee heeft. Ze observeert Stefan wanneer de klas vrij mag spelen.
Stefan kijkt om zich heen maar weet niet wat hij moet kiezen om mee te spelen. Hij lijkt niet te durven kiezen, omdat hij bang is dat zijn vriendjes het stom vinden wat hij gekozen heeft. Hij kijkt het liefst eerst naar wat de andere kinderen kiezen en doet dan hetzelfde als zij. Zijn 'spel' beperkt zich echter tot commentaar leveren op wat de ander doet. Zelf komt hij niet echt tot spelen, hij blijft druk heen en weer lopen en hard roepen naar anderen. Wanneer de leerkracht Stefan probeert te helpen door samen te bedenken wat hij zou kunnen spelen, reageert hij timide. Hij richt zich snel op het materiaal dat zijn vrienden hebben gekozen. Zodra de leerkracht weer wegloopt, begint het luidruchtige geschreeuw opnieuw.
De leerkracht vertelt de spelbegeleidster dat Stefan individueel contact met een volwassene niet aandurft. Het liefst doet hij mee met een groepje 'stoere' vrienden.

De spelbegeleidster vraagt zich af hoe Stefan zich zal gedragen zonder zijn stoere vrienden. Ze nodigt hem uit een keer te komen spelen in de spelkamer. Omdat Stefan individueel contact met een volwassene moeilijk vindt, laat ze hem spelen met kinderen uit een andere groep. Dit zijn jongere kinderen die op een lager ontwikkelingsniveau spelen dan Stefan. De spelbegeleidster heeft bewust voor jongere kinderen gekozen omdat ze heeft opgemerkt dat Stefan eigenlijk geen raad wist met het spel van zijn vrienden. Ze vraagt zich af of dit spel niet te moeilijk was voor Stefan.
Bij deze groep jongere kinderen zien we een andere Stefan. Hij is heel lief en zorgzaam voor hen. Het is duidelijk dat hij het fijn vindt dat hij hun iets kan leren. De kinderen kijken tegen Stefan op en hij geniet ervan. Als Stefan in de spelkamer aan het spelen is, valt het op dat hij het liefst op een sensopathische manier met zand speelt. Hij maakt bergen van zand en strijkt met zijn handen het zand glad. Hier gaat hij helemaal in op. Hij speelt ver onder zijn cognitieve ontwikkelingsniveau.

Stefan is een jongen die al veel heeft meegemaakt in zijn jonge leven. Zijn vader heeft Stefan en zijn moeder verlaten toen hij nog heel jong was en zijn moeder heeft hem alleen opgevoed. Ze doet dit met veel liefde en toewijding. Ze is dol op Stefan. Hij is alles wat ze heeft, zegt ze zelf. 'Stefan en ik kunnen niet zonder elkaar; hij heeft mij nodig en ik hem. Hij vraagt veel maar is ook een lieve jongen voor zijn moeder. Bovendien ontmoet ik door hem veel andere mensen. Ik ben zelf erg verlegen en Stefan maakt gemakkelijk contact met iedereen. Gelukkig maar, want wat moest ik anders. Ik kan niet werken en ben eigenlijk altijd thuis omdat ik voor Stefan moet zorgen. Hij kan zich niet redden als andere jongens van zijn leeftijd en heeft mij hard nodig.'

Stefans moeder doet alles voor hem, ze geeft hem heel veel. Ze maakt het voor haar zoon echter erg moeilijk een eigen zelf op te bouwen. Haar woorden zijn treffend: Stefan en zij kunnen niet zonder elkaar. Hierdoor weet Stefan niet hoe hij zelfstandig met de hem omgevende wereld moet omgaan. Dit maakt de buitenwereld ook beangstigend voor hem, wat hij letterlijk overschreeuwt en oplost door op anderen te leunen in zijn omgang met de wereld.

### 10.1.2 SPELBEGELEIDING VAN STEFAN

Het is niet toevallig dat Stefan spontaan voor een spelvorm kiest op een heel laag ontwikkelingsniveau. Stefan heeft nog een ontwikkelingstaak te vervullen die normaliter vroeg in het kinderleven wordt volbracht: het opbouwen van zelfbesef. Sensopathisch spel is een spelvorm die hem daarbij helpt. Dit is het spelen met vormloze materialen zoals zand, water en scheerschuim. Het is een spelvorm die de zintuigen sterk prikkelt, waardoor Stefan letterlijk voelt dat hij bestaat. Dit is in feite de ontwikkelingstaak die nog niet goed vervuld is in Stefans leven: ervaren dat hij een separaat individu is, dat hij los van de ander bestaat. De doelstelling van de spelbegeleidster is dan ook een bijdrage te leveren aan de ontwikkeling van dit zelfbesef.

Ze voegt daarom in in Stefans sensopathische spel en verwoordt de zintuiglijke ervaringen die hij opdoet. Door de ervaringen te verwoorden als bijvoorbeeld 'dat voelt lekker zacht, hè?' of 'hé, je voelt een koude spetter op je neus' of 'dat kietelt een beetje aan je voeten, voel je dat?' stimuleert ze dat Stefan zijn zelf heel bewust waarneemt. In feite geeft ze hem de boodschap 'dit ben jij, voel maar.'

Na een aantal sessies begint ze ook te verwoorden wat Stefan tot stand brengt in zijn spel. 'Kijk eens, wat een grote berg je hebt gemaakt in het zand. Jij bent een echte 'bergenbouwer'.' Hiermee maakt ze Stefan

bewust van het feit dat hij zelfstandig en autonoom invloed uitoefent op zijn omgeving. Ook hiermee maakt ze Stefan bewust van zijn zelf. Door de manier waarop ze dit verwoordt (niet: 'jij kunt...', maar 'je bent...') geeft ze Stefan bovendien de gelegenheid zijn zelf voorzichtig te vullen: Stefan is een 'bergenbouwer'. Langzaam maar zeker reikt ze Stefan steeds meer materialen aan die hem op een positieve manier laten ervaren dat hij invloed heeft op zijn omgeving, dat hij zijn omgeving zelfstandig en autonoom kan beïnvloeden. Ze biedt hem verschillende soorten vrachtauto's aan om het zand in en uit te laden. Hiermee maakt ze de stap van het spelen in de lichamelijke wereld (het sensopathische spel) naar het spelen in de hanteerbare wereld (spelend combineren van spelmateriaal, zoals uitgelegd in hoofdstuk 3). Het sensopathische spel heeft een mooie basis gelegd om het zelfbesef te ontwikkelen doordat het Stefan hielp letterlijk te voelen dat hij bestaat. Het spelend combineren van materialen levert hem de waardevolle ervaring dat hij invloed kan uitoefenen op zijn omgeving, waarmee hij zal ervaren dat hij een autonoom individu is.
De spelbegeleidster helpt Stefan dus een stapje verder in zijn spelontwikkeling. Daarnaast levert ze een bijdrage aan de ontwikkeling van zijn zelfbesef.

Stefan is 12 jaar oud, maar speelt op een laag niveau. Veel speelgoed dat uitnodigt tot spelend combineren is ontwikkeld voor kinderen van een tot twee jaar oud. Daarom heeft de spelbegeleidster gezocht naar materialen die spelend combineren mogelijk maken en tegelijkertijd aansluiten bij Stefans kalenderleeftijd. Ze heeft een oud keyboard op de kop getikt waarmee Stefan stoere muziek kan maken, en ze sleutelen samen aan een oude brommer. Ook nu verwoordt ze de successervaringen van Stefan expliciet in de vorm van zijnscomplimenten. 'Jij bent een goede muzikant, Stefan, hoor je hoe goed dat klonk?'

Van de leerkracht hoort ze na een aantal maanden spelbegeleiding dat Stefan wat rustiger is in de klas. Hij schreeuwt minder en doet minder stoer. Schijnbaar heeft hij het een beetje minder nodig om gezien te worden en daarmee te ervaren dat hij bestaat. Het lijkt erop dat de wereld een beetje minder beangstigend voor hem is, nu hij heeft ervaren dat hij zelf invloed kan uitoefenen op zijn omgeving.

### 10.1.3 ANITA

Niet alleen bij kinderen maar ook bij volwassenen komt voor dat ze geen kans hebben gehad een eigen zelf op te bouwen.

Anita is een vrouw van 38 jaar. Ze heeft heel haar leven in instellingen doorgebracht. Ze heeft geleerd om te overleven. Ze kreeg in het verleden veel straf omdat ze niet luisterde en brutaal was. Nu woont ze in een groep met drie andere vrouwen. Bij alles wil ze de controle hebben. Ze is heel dominant in haar optreden. Als de begeleidster binnenkomt, staat Anita meestal al bij de deur. Ze eist alle aandacht op. Ze wordt heel boos als de begeleidster zegt dat ze nu eerst met iemand anders wil praten. Anita verdraagt het bijna niet als ze aandacht moet delen. Ze begint dan te schreeuwen dat niemand tijd voor haar heeft en dat anderen altijd belangrijker zijn.
Anita geeft steeds te kennen dat ze op zichzelf wil zijn, alleen op haar kamer wil eten, maar ze eet altijd mee in de groep. Ze loopt veel heen en weer op de gang, in de hoop om iemand van de begeleiding tegen te komen zodat ze een praatje kan maken. Ze is voortdurend op zoek naar nabijheid.

Anita heeft altijd iemand nodig die haar bevestigt dat ze bestaat. In haar jonge leven werden haar pogingen een autonoom zelf op te bouwen negatief bekrachtigd door ze af te doen als slecht gedrag. Het gebrek aan een zelf maakt het voor Anita onmogelijk een gevoel van controle op haar omgeving te ontwikkelen. Ze voorkomt controleverlies door heel dominant gedrag, door zo veel mogelijk zelf te bepalen wat er gebeurt en permanent aandacht te vragen. Dit vraagt veel van haar begeleiders.
Tegelijkertijd geeft Anita aan dat ze op zichzelf wil zijn, terwijl ze dit eigenlijk niet aankan. In feite laat Anita merken dat ze geen eigen zelf heeft, maar dat graag zou willen ontwikkelen. Hiermee geeft Anita op haar manier haar hulpvraag aan: 'Help me om mijn zelf te ontwikkelen.' Dit is dan ook de doelstelling van de spelbegeleiding aan Anita: haar ondersteunen in het opbouwen van een zelf.

Ook voor Anita zal sensopathisch spel, gericht op het letterlijk voelen van haar zelf, heel waardevol zijn. Anita is echter een volwassen vrouw en zal het wellicht niet accepteren om zo kinderachtig te spelen. Daarom besluit de spelbegeleidster om met haar een appeltaart te bakken en allerlei huishoudelijk materiaal schoon te maken in een warm schuimend sop. Het kneden van het deeg en het in de weer zijn met het warme sop geven haar de belangrijke ervaringen van het sensopathisch bezig zijn en worden door haar en haar omgeving toch als volwassen activiteiten ervaren. Door samen met iets bezig te zijn en door de manier van begeleiding wordt het meer dan alleen het uitvoeren van een huishoudelijke taak. Ook hier is het van grote waarde dat de spelbegeleidster Anita bewust laat zijn van de invloed die zij heeft. 'Die taart is echt heerlijk. Dat heb jij gedaan! Je bent een geweldige taartenbakker'.

Bijkomende doelstelling van de spelbegeleiding is de groepsleiding en Anita zelf wat rust te bezorgen. Anita is vrijwel voortdurend bezig een verbinding te maken met haar omgeving. Door de verbinding met de ander voelt ze dat ze er is, is er zelfbesef. Hoewel de spelbegeleiding Anita's behoefte aan verbinding niet geheel zal wegnemen, kan de roep om aandacht (tijdelijk) wat afnemen. Dat zal rust brengen voor de begeleiders en voor Anita zelf. Het is niet alleen vermoeiend voor de begeleiders om constant aandacht te moeten geven, maar ook voor Anita om constant aandacht te moeten vragen, de verbinding tot stand te brengen.

Na verloop van tijd heeft Anita de directe nabijheid en beschikbaarheid van haar begeleiders minder vaak nodig. Ze heeft een sleutelhanger gekregen met daarin een foto van haar persoonlijk begeleidster. Op die manier voelt Anita zich toch verbonden als er in haar directe nabijheid geen begeleiding kan zijn.

### 10.1.4 SPELBEGELEIDING OM TE ERVAREN DAT JE ER BENT

In deze twee voorbeelden is de spelbegeleiding gericht op het laten ervaren van het zelf. Hiermee werk je als spelbegeleider aan het ontwikkelen of versterken van het zelfbesef. Dit doe je door de manier waarop je het spel begeleidt: door de ervaringen te verwoorden en veel zijnscomplimenten te geven, maar ook door de verbinding te maken met de speler. Personen als Stefan en Anita hebben het nodig om de verbinding te voelen met de ander. Hierdoor voelen ze dat ze bestaan. Dit ontneemt hun echter de mogelijkheid om hun aandacht op het spel te richten. Doordat jij de verbinding legt hebben ze de ruimte om te genieten van het spelen en gaan ze zich ook meer richten op het spel. Deze verbinding leg je door te verwoorden wat de speler doet en ervaart. Hiermee geef je de speler de boodschap dat je hem ziet, dat hij bestaat.

Met de keuze voor een bepaalde spelvorm kun je de speler ondersteunen in het ontwikkelen van zelfbesef. Sensopathisch spel brengt de speler echt tot zijn zelf. De tactiele prikkels laten hem zijn zelf daadwerkelijk voelen. Mensen zonder zelfbesef hebben echter ook veel moeite met het herkennen en aanbrengen van grenzen. Ze hebben daarom baat bij een goede, heldere structuur. Sensopatisch spel biedt door de vormloze materialen echter weinig structuur. Het is daarom heel belangrijk om die structuur aan te bieden in de begeleiding. Dit doe je onder meer door niet te veel materiaal tegelijk aan te bieden en de speler de ruimte te geven om te stoppen wanneer hij of zij overspoeld dreigt te raken. Denk bijvoorbeeld aan een bak water naast het scheerschuim waarin de speler zijn handen kan wassen zodra de prikkels onplezierig worden.

Sommige kinderen, en vooral ook volwassenen, vinden sensopathisch spel onplezierig vanwege de sterke tactiele prikkels. In dat geval kun je het best voor spelend manipuleren kiezen waarbij de speler door middel van andere (auditieve of visuele) prikkels zijn zelf ervaart. 'Je hoort het belletje, je ziet daar een andere kleur tevoorschijn komen.'

## 10.2 Spelbegeleiding om de autonomie te versterken

Evelien is een angstig, onzeker meisje van 14 jaar. Bij alles wat ze doet, is ze bang dat ze het niet goed doet. Evelien is de jongste van vier zussen. Haar oudere zussen doen alles voor haar. Toen het op school niet zo goed met haar ging, hebben ze veel met haar geoefend en ook op ander gebied wordt er over Evelien gemoederd.
Aan de spelbegeleidster de vraag of zij het zelfvertrouwen van Evelien kan vergroten. De spelbegeleidster vraagt Evelien waar ze mee wil spelen. Evelien wil graag bouwen met de Duplo. Dat heeft ze thuis ook. In de daaropvolgende spelsessies kiest ze steeds voor dingen die ze al heel goed kent. Nieuwe dingen durft ze niet uit te proberen. Als de spelbegeleidster na een aantal sessies aandringt om met iets nieuws te gaan spelen, sluit ze zich af en kijkt alleen nog om zich heen naar wat de spelbegeleidster doet.

Een belangrijke ontwikkelingstaak ten behoeve van het opbouwen van een gezond zelf is het vertrouwen op jezelf, vertrouwen dat je zelfstandig met de wereld kunt omgaan. Dit vertrouwen bouw je op door te ervaren dat je dit kunt, dat je een eigen invulling of wending kunt geven aan de wereld om je heen. Evelien heeft deze ervaring ondanks de liefdevolle zorg van haar ouders en zussen niet kunnen opbouwen. Hun warmte heeft Evelien wel haar zelf laten ervaren, maar haar niet de ruimte gegeven een autonoom handelend zelf op te bouwen. Hierdoor durft Evelien niet te varen op haar eigen kunnen en kiest ze uitsluitend voor activiteiten waarvan ze zeker weet dat ze die goed kan uitvoeren. De doelstelling van de spelbegeleiding is om haar te helpen meer te vertrouwen op zichzelf door haar autonomie te versterken. De aandacht is daarbij vooral gericht op het laten ervaren van de positieve invloed die Evelien kan uitoefenen op haar omgeving. Dit doet de spelbegeleidster door Evelien vooral de regie te laten voeren in de spelkamer en tijdens het spel de resultaten en effecten van Eveliens handelen te verwoorden. 'Jij hebt een taart gemaakt.' Hierbij moet je er als spelbegeleider voor waken dat je niet benadrukt hoe knap Evelien is. Het gaat er niet om of Evelien iets goed doet of niet, het gaat erom dat ze ervaart dat ze invloed heeft en het haar lukt om op haar zelfgekozen manier om te gaan met de wereld om haar heen. Het gaat erom dat Evelien plezier gaat ontwikkelen in het omgaan met de wereld.

De primaire doelstelling van de spelbegeleidster is dan ook om Evelien te laten genieten van een manier van omgang met de omgeving waarin veel mag en kan, een manier van omgaan die eigenlijk altijd goed is. De spelbegeleidster sluit in eerste instantie aan bij het door Evelien gekozen spel. Na enige tijd zal ze zelf mee gaan spelen, samen met Evelien als Evelien het toelaat of naast Evelien wanneer Evelien het nog moeilijk vindt om de spelbegeleidster in haar spel toe te laten. De spelbegeleidster zal dan zelf op nieuwe manieren spelen met het materiaal, zonder Evelien te vragen het ook te doen. Ze zal haar nieuwsgierigheid proberen te wekken en Evelien zelf laten bepalen of en wanneer ze ook op deze of andere nieuwe manieren wil gaan spelen. Wel zal ze Evelien iedere keer bewust bepaald spelmateriaal aanbieden. Ze geeft haar daarbij de keuze tussen vertrouwd spel en nieuw spel dat in eerste instantie altijd op hetzelfde ontwikkelingsniveau ligt. Hiermee sluit de spelbegeleidster aan bij het door de speler zelf gekozen ontwikkelingsniveau met als doel flow te laten ervaren. Pas wanneer Evelien zelf aangeeft een stapje verder te willen volgt de spelbegeleidster en verwoordt ze weer wat Evelien zelf teweeg heeft gebracht.

Kinderen met een gebrek aan autonomie kiezen vaak voor een veilige manier van omgaan met hun omgeving. Ze kiezen spelvormen die veel structuur bieden, zoals constructiespel of spelletjes met regels. De duidelijke regels schrijven hun voor hoe het spel gaat en verkleinen daarmee het risico dat ze iets verkeerd doen.
Het is voor hen van belang dat ze ook andere spelvormen krijgen aangeboden. Spelend manipuleren en vooral spelend combineren zijn geschikter voor het opbouwen van autonomie, omdat juist deze spelvormen de speler bewust laten zijn van de effecten die hij teweegbrengt, van het feit dat hij invloed kan uitoefenen op zijn omgeving. Vooral actie-reactiemateriaal, waarbij het handelen van het kind een duidelijk effect geeft, is geschikt.

Het belangrijkste is dat je de speler zo veel mogelijk de regie geeft over het spel. Dit doe je door de spelomgeving zo in te richten dat de speler zich uitgedaagd voelt daadwerkelijk te gaan spelen en door de speler zo veel mogelijk bewust te maken van de effecten van zijn handelen. Ook is het goed om vooral zijnscomplimenten te geven (en dus niet alleen te verwoorden 'dat doe jij', maar ook 'wat ben je een goede….'). Door te verwoorden dat de speler een goede keyboardspeler is, een goede taartenbakker is, geef je de speler bovendien de kans door te groeien naar de volgende ontwikkelingstaak: zijn zelf te vullen, een zelfbeeld op te bouwen.

## 10.3 Spelbegeleiding om het zelf te 'vullen', een zelfbeeld op te bouwen

Elsa is een vrouw van 32 jaar. In haar jeugd heeft ze in verschillende tehuizen gewoond.
Elsa eist voortdurend de aandacht op, het is nooit genoeg. Ze is bovendien erg onzeker en heeft altijd bevestiging nodig. Ze leeft op de complimenten van de ander. Begeleiders worden moe van de aandacht die Elsa vraagt. Daardoor voelt ze zich afgewezen. Ze is jaloers als iemand anders aandacht krijgt en gaat dan mopperen of klaagt over pijntjes.
Elsa vindt het heerlijk als je samen met haar gaat knutselen: kleuren, kleien of knippen. Ze is heel handig in het maken van allerlei dingen, maar heeft eigenlijk altijd iemand nodig die benoemt wat ze doet en haar complimentjes geeft. Elsa vindt het ook erg fijn als je samen met haar naar foto's van vroeger kijkt.

Ook Elsa heeft iemand nodig die haar bevestigt dat ze bestaat. Net als Anita geniet ze van de complimenten van de ander, waardoor ze de verbinding voelt met de buitenwereld. Maar Elsa vraagt meer van haar begeleiders. Ze vraagt haar begeleiders in feite 'wie ben ik?' Elsa's hulpvraag is: 'Help me te ontdekken wie ik ben'. De spelbegeleiding voor Elsa is er daarom met name op gericht haar te laten ervaren wie ze is door haar te laten voelen hoe ze invloed kan uitoefenen op haar omgeving en haar ervaringen mee te geven waarmee ze haar zelf kan 'vullen'.
Het is niet voor niets dat ze het heerlijk vindt om foto's van zichzelf en haar leven te bekijken. Dit geeft haar inzicht in wie ze is. Daarnaast is ze graag bezig met spelvormen waarmee ze iets creëert. Dit geeft haar concreet inzicht in wat ze tot stand kan brengen, wat zij kan presteren. Juist bij Elsa zijn de zijnscomplimenten uitermate belangrijk. Daar-

naast is het erg belangrijk de dingen die Elsa heeft gecreëerd te bewaren. Als ze een tekening heeft gemaakt of iets heeft geknutseld moet haar werk aan de wand worden gehangen of op een plank in een kast worden gelegd zodat andere spelers er niet aan kunnen komen. Dit laat zien dat ze dingen kan maken die duurzaam zijn, ofwel dat haar invloed op de omgeving duurzaam is. Ze is, met andere woorden, iemand die iets kan bewerkstelligen. Hiermee bouwt ze een autonoom zelf op en heeft ze de gelegenheid zichzelf te leren kennen.

Waar de spelbegeleiding van Stefan en Anita er vooral op gericht was zichzelf te ervaren, is die van Elsa erop gericht zichzelf te leren kennen. Het bekijken van de foto's krijgt ook een prominente plaats in de spelbegeleiding. De spelbegeleidster verdiept deze ervaringen zelfs door met Elsa een boek van haar leven te gaan maken. Samen met Elsa maakt ze van iedere fase uit Elsa's leven een schilderij dat ze samen bundelen in een levensboek. Hiermee geeft ze Elsa niet alleen de gelegenheid zichzelf te leren kennen, maar laat ze haar ook zien hoezeer ze daadwerkelijk belang hecht aan Elsa en haar levensverhaal. Ze laat zien dat ze haar ziet en haar de moeite waard vindt. Dit is een ervaring die Elsa maar weinig heeft opgedaan in haar bewogen leven: de ervaring gezien en gewaardeerd te worden. Een ervaring waarvan we in het eerste deel van dit boek zagen dat ze onontbeerlijk is voor het opbouwen van een gezond zelf.

> Als spelbegeleider kun je op zoek gaan naar verhalen die aansluiten bij het levensverhaal van de speler. Er zijn mooie prentenboeken in de handel die daarvoor geschikt zijn.
>
> Monique Wessels-Reijerse, speltherapeut, heeft een zeer bruikbaar boek geschreven met verhalen voor mensen met een verstandelijke beperking waarin belangrijke levensthema's aan de orde komen. Het gaat daarbij om thema's als ontdekken van je kwaliteiten, verliefd zijn, omgaan met agressie, rouwverwerking, omgaan met machtsmisbruik, enzovoort.
> De verhalen zijn geïllustreerd met prachtige tekeningen door Tirza Beekhuis.
> De verhalen zijn te beluisteren op cd-rom. Er is een handleiding beschikbaar waarin beschreven wordt hoe elk verhaal het best gebruikt kan worden.

M. Wessels-Reijerse (2008), *Leven-de verhalen: over mensen en dieren die veel meemaken.*
Houten: Bohn Stafleu van Loghum.

Je kunt proberen om zelf een verhaal te schrijven. De volgende literatuur kan je daarbij helpen:
R. Kerseboom (2004), *Vertel mij wat. Kinderen helpen met verhalen.*
Houten: Bohn Stafleu van Loghum.
N. Knijnenburg (1993), *Spel werkt. Werken met metaforen voor jonge kinderen.* Utrecht: HvU Press.
L. van der Poel (1998). *Spel werkt, weet wat je speelt: Kleine verhalen, grote zaken.* Utrecht: HvU Press.

## 10.4 Spelbegeleiding om een positief zelfbeeld op te bouwen

Henk is een jongen van 11 jaar. Hij heeft op verschillende scholen gezeten, waar problemen ontstonden door zijn gedrag. Henk kan goed praten, maar als hij iets moeilijk vindt of als hem iets dwars zit, kan hij dat niet onder woorden brengen. Hij krijgt dan een driftbui en gooit met alles wat in zijn buurt is. Hierdoor is Henk vaak negatief benaderd door zijn omgeving. Opmerkingen als 'het zal Henk wel weer zijn' of 'wat ben je toch een vervelende jongen' zijn niet ongewoon voor Henk. De spelbegeleider wordt gevraagd om aan Henks negatieve gedrag te werken.

Henk kiest in de spelkamer om met kleine mens- en dierfiguurtjes te spelen. Hij laat veel agressie in zijn spel zien. Er is een monster dat met iedereen vecht en dat iedereen verslaat. Hij is de sterkste van de hele wereld. Alle dieren en mensen worden verjaagd.
Ook in de daaropvolgende sessies wordt er veel gevochten en is er een monster of een ander indrukwekkend personage dat alle anderen verjaagt.
De spelbegeleider merkt op dat Henk zich vooral met deze personages identificeert. Als Henk is uitgespeeld, vraagt hij Henk wat hij van het monster vindt. 'Hij is geweldig', antwoordt Henk, 'hij is zo sterk dat hij iedereen aankan.' Hiermee laat hij zien hoe klein en bedreigd hij zich vaak voelt.
In een nieuwe spelsessie speelt Henk met een krokodil die iedereen bijt die bij hem in de buurt komt. 'Ga weg, stomme dieren', schreeuwt Henk. 'Die krokodil is wel erg boos', merkt de spelbegeleider op. 'Ja',

bevestigt Henk, 'hij mag daar niet zwemmen van ze.' 'Dan zou ik ook heel boos zijn', zegt de spelbegeleider. Even valt het spel stil. 'Ja', zegt Henk dan langzaam terwijl hij de spelbegeleider aankijkt. 'Daar word je verdrietig van, als je niet mee mag doen', zeg de spelbegeleider. Henk zegt niets en staart even naar de dieren. Dan pakt hij de krokodil en laat deze als een razende om zich heen bijten.
De volgende sessie wil Henk weer met de krokodil spelen en de keer daarop ook. De spelbegeleider blijft verwoorden hoe de krokodil zich voelt. Als hij het niet helemaal goed verwoordt, verbetert Henk hem. Dan geeft hij de spelbegeleider ook een krokodil en zegt: 'Jij was zijn vriend, goed?' 'Oké', zegt de spelbegeleider. Hij laat zijn krokodil ook huilen omdat hij zo alleen is en niemand hem aardig vindt. 'Maar', zegt de spelbegeleider dan, 'ik heb wel een vriend die me helpt.' 'Ja', zegt Henk, 'dan hoeft hij niet zo hard te bijten.'

De spelbegeleider vraagt Henk na enige tijd of hij Henks begeleiders mag vertellen wat ze allemaal gespeeld hebben. Hij benadrukt daarbij dat Henk een goede speler is en dat hij dat graag aan hen wil vertellen. Henk groeit en vindt het goed.
De spelbegeleider vertelt de andere begeleiders wat zich in de spelkamer heeft afgespeeld. Hij benoemt vooral hoe ondersteunend het voor Henk is als je verwoordt hoe hij zich voelt in moeilijke situaties. Er wordt afgesproken dat iedereen bij conflicten en in andere moeilijke situaties zal proberen voor Henk te verwoorden wat hij voelt. Bij een conflict zal men bijvoorbeeld reageren met: 'Je mocht niet meespelen met de andere jongens, dat is heel moeilijk voor je, dat vind je niet leuk'. Ook zullen vooral de positieve intenties van Henk worden benoemd. Door deze benadering van Henk en het spelen met de spelbegeleider krijgt Henk steeds meer zicht op wat er gebeurt in zijn omgeving en voelt hij meer controle in zijn omgang met de wereld. Het positief benoemen van zijn ervaringen en intenties geven hem de gelegenheid een positiever zelfbeeld op te bouwen. Ook voor Henk kan het bijzonder waardevol zijn om een verhaal te maken of te zoeken dat zijn levensverhaal vertelt.

Bij mensen als Henk balanceren we op de grens tussen spelbegeleiding en speltherapie. Soms hebben mensen zo weinig warmte en liefde meegekregen dat het bijna onmogelijk voor ze was een gezond zelf op te bouwen. Dit ontaardt in het ergste geval in psychiatrische problematiek. In deze gevallen is ondersteuning nodig van een (spel)therapeut of psychiater.
Spelbegeleiding kan wel worden ingezet om de kans op het ontwik-

kelen van psychiatrische problemen te verkleinen. Dit kan door mensen te ondersteunen tijdens een moeilijke periode in hun leven. We geven in de volgende paragraaf het voorbeeld van Michael. Hij had het zo moeilijk, dat hij zich steeds meer terugtrok uit de dagelijkse omgang met de volwassenen en kinderen in zijn omgeving.

## 10.5  Spelbegeleiding ter preventie van problemen

Ieder mens maakt perioden in zijn leven mee die vreemd, moeilijk en/of beangstigend zijn. Vrienden en familie zeggen dan vaak troostend: 'Het is een fase waar je doorheen moet en waar je uiteindelijk beter van zult worden'. Meestal hebben ze gelijk. Meestal leiden deze fasen inderdaad tot nieuwe inzichten die maken dat we de wereld en onszelf anders beleven en ons beter, sterker voelen. Volgens Erikson (1963, 1968) is het zelfs noodzakelijk dat we een aantal van dit soort crises doormaken, willen we een stevig zelf opbouwen.

We hoeven deze crises echter niet alleen het hoofd te bieden. Anderen kunnen ons in die periode ondersteunen. Deze steun is vaak eenvoudig te bieden. Bijna iedereen weet uit eigen ervaring dat het al heel ondersteunend is als een ander je vertelt dat hij ziet dat je het moeilijk hebt en oprecht 'met je te doen' heeft. Ook bij kinderen en mensen met een beperking kan het ervaren van die erkenning en betrokkenheid van de ander zeer ondersteunend zijn in een moeilijke periode. De boodschap 'ik zie dat je het moeilijk hebt en ik voel met je mee' is echter een boodschap die jonge kinderen en mensen die op een laag niveau functioneren, niet goed verstaan. Spel is daarvoor een meer geschikte taal.

Michael is een jongen van 8 jaar. Hij zit op een ZMLK-school, waar Mia als spelbegeleidster werkt. Michael woont alleen met zijn moeder. Moeder is sinds enkele weken ziek en ligt vaak op bed. De buurvrouw brengt Michael naar school en om de beurt zorgen de buren en familie voor het eten en het huishouden. Michael heeft het er moeilijk mee dat er steeds andere mensen bij hen in huis zijn en zijn moeder niet voor hem kan zorgen.
De leerkracht van Michael merkt dat hij zich terugtrekt. Hij praat weinig. Als hij praat, is het heel zacht. Hij maakt met niemand oogcontact. In de klas wil hij niet in de kring zitten, maar alleen, aan een tafeltje in de hoek. De leerkracht vraagt Mia of ze Michael kan begeleiden omdat hij zich steeds meer terugtrekt uit het contact met anderen.

In de spelkamer wil Michael in iedere sessie alleen maar met de ridders en het kasteel spelen. Hij beweegt de ridders wat heen en weer in het kasteel. Er is geen duidelijk verhaal en er zijn geen duidelijke personages in zijn spel. Mia mag ook met de ridders spelen, maar ze krijgt haar eigen ridders. Haar ridders mogen het kasteel niet binnenkomen. Zodra ze het kasteel naderen, gooit Michael de poort dicht. Nadat Mia hem wekenlang heeft gevolgd in zijn spel en respecteert dat zij zijn kasteel nog niet binnen mag komen, gebeurt er tijdens een sessie iets bijzonders. Mia laat per ongeluk een helm van een ridder uit haar handen vallen die midden op de eettafel van haar ridders terechtkomt. 'Oepsie, sorry', roept de ridder. Michael moet hier erg om lachen. 'Dit is ook zo'n onhandige ridder', zegt Mia. 'Maar wel grappig', antwoordt Michael, 'die mag wel binnenkomen.' Dan gaan uiteindelijk toch de deuren van het kasteel voor haar ridders open. Vanaf dat moment verbetert het spel snel. Het krijgt meer diepgang en Michael breidt zijn spelrepertoire steeds meer uit.
Niet alleen zijn spel verbetert, de leerkracht vertelt Mia dat Michael het langzaam maar zeker weer aandurft om met de andere kinderen mee te doen. Hij wil ook weer in de kring zitten. De spelbegeleiding wordt afgebouwd.
Als Michael Mia enkele weken later op het schoolplein ziet, komt hij haar tegemoet gerend. Vol trots stelt hij Mia voor aan zijn nieuwe vriendje. Michael heeft niet alleen beter leren spelen. Hij durft zich na de spelbegeleiding weer open te stellen voor de wereld om hem heen.

**Michael had een moeilijke periode in zijn leven. Er overkwamen hem dingen waar hij geen invloed op had, waardoor hij zich steeds verder terugtrok.**
**Door de spelbegeleiding kreeg Michael de regie die hij in het dagelijks leven miste weer in handen.**
**Door aan te sluiten bij zijn spel en respect te tonen voor zijn grenzen lukte het om weer met hem in contact te komen.**
**Hierdoor kreeg hij zijn zelfvertrouwen terug en was hij weer in staat om het contact aan te gaan met zijn omgeving.**

### 10.6    Ten slotte

Spelbegeleiding waarbij de zelfontwikkeling centraal staat, is meer dan samen spelen en vergroten van spelvaardigheden.
Het is een uiting van respect voor de persoon van de speler en voor de manier waarop hij zichzelf laat zien.
De voorbeelden van Stefan, Anita, Evelien en al de andere genoemde

kinderen en volwassenen in dit hoofdstuk laten zien hoe zij konden groeien in hun ontwikkeling als persoon. Dit ging niet vanzelf, maar kon ontstaan omdat er ruimte was om te spelen en omdat er iemand aanwezig was die oog had voor wat er gespeeld werd en hen in hun spel begeleidde.

Deze manier van spelbegeleiding vraagt een andere manier van kijken naar de speler dan algemeen gangbaar is. Het vraagt het vermogen om af te stemmen en aan te sluiten bij het spel van de speler, hem te ondersteunen zonder de regie over te nemen.

Het nodigt uit om te kijken wat de speler te vertellen heeft in zijn spel en respect te hebben voor de inhoud van zijn boodschap. De speler zal op zijn beurt uitgenodigd worden om te laten zien wie hij is, wat hem werkelijk bezighoudt. Door middel van de taal van het spel kan er over en weer gecommuniceerd worden over dingen die niet gezegd kunnen worden en ook niet gezegd hoeven worden, omdat het spel zijn werk doet.

We hopen door middel van dit boek een aanzet te hebben gegeven om deze manier van spelbegeleiding meer bekendheid te geven. Na jarenlange ervaring met spel en spelbegeleiding zijn we nog altijd onder de indruk van hoe kinderen en volwassenen met een beperking kunnen groeien als ze de gelegenheid en ruimte krijgen om te spelen. Ook zijn we onder de indruk van hoe begeleiders kunnen groeien door een andere manier van kijken naar hun cliënten. Ook begeleiders leren door te spelen.

We gunnen alle kinderen en volwassenen de kans om te laten *zien* wie ze zijn en te mogen *zijn* wie ze zijn door te spelen, want…

WAT JE SPEELT, BEN JE ZELF.

# Literatuur

Amelsvoort, H. van, Bolhuis, N., Damhuis, M. & Scholten, U. (2005). *Spelend ontwikkelen*. Assen: Van Gorcum.

Bakeman, R. & Brown, J.V. (1980), Early interaction: Consequences for social and mental development at three years. *Child Development*, 51, 437-447.

Belsky, J. & Most, R.K. (1981). From exploration to play: a cross-sectional study of infant free play behavior. *Developmental Psychology*, 17, 630-639.

Berlyne, D.E. (1969). Laughter, humor and play. In G. Lindzey & E. Aronson (Eds.), *The handbook of social psychology, Vol. 3*. (p. 795-852). Reading Mass: Addison Wesley.

Blokhuis, A. & Kooten, N. van (2006). *Je luistert wel, maar je hoort me niet*. Utrecht: Agiel.

Boyd, D. & Bee, H. (2006). *Lifespan development*. Boston, MS: Pearson Education.

Bühler, C. (1928). *Kindheit und Jugend*. Leipzig: Hirzel-Verlag.

Bruyn, E.E.J. de, Ruijssenaars, A.J.J.M., Pameijer, N.K. & Aarle, E.J.M. van (1995). *Diagnostische besluitvorming: handleiding bij het doorlopen van de diagnostische cyclus*. Leuven: Acco.

Bruyn, E.E.J. de, Ruijssenaars, A.J.J.M., Pameijer, N.K. & Aarle, E.J.M. van (2003). *De diagnostische cyclus: een praktijkleer*. Leuven: Acco.

Buys, O. (1996). Beweging in spelbeelden. In L. van der Poel & I. Vonder (red.), *Spel werkt, dus speel goed* (p. 23-31). Culemborg: HvU Press.

Buytendijk, F.J.J. (1932). *Het spel van mensch en dier*. Amsterdam: NV Uitgeversmaatschappij Kosmos.

Csikszentmihalyi, M. (1975). *Beyond freedom and anxiety*. San Francisco: Jossey-Bass.

Csikszentmihalyi, M. (1999). *De weg naar flow*. Amsterdam: Boom.

Csikszentmihalyi, M. (2003). *Flow*. Amsterdam: Boom.

Damon, W. & Hart, D. (1982). The development of self-understanding from infancy through adolescence. *Child Development*, 53, 841-864.

Doyle, A.B., Connolly, J. & Rivest, L.P. (1980). The effect of playmate familiarity on the social interactions of young children. *Child Development*, 51, 217-223.

Dijk, E. van & Frankhuijzen, H. (1996). Spel bij volwassen mensen met een verstandelijke handicap. In L. van der Poel en I. Vonder (red.), *Spel werkt dus speel goed* (p. 69-75). Utrecht: HvU Press.

Dijk, E. van & Frankhuijzen, H. (2001). Verhalen van mensen met een verstandelijke beperking. In O. Buijs & L. van der Poel (red.), *Spel werkt, vertel het door* (p. 78-85). Amsterdam: SWP.

Erikson, E. (1963). *Childhood and society*. New York: Norton & Company.

Fein, G.G. (1975). A transformational analysis of pretending. *Developmental Psychology*, 11, 291-296.

Freud, A. (1966). *The ego and the mechanisms of defense*. New York: International Universities Press.

Freud, S. (1943). *A general introduction to psycho-analysis*. Garden City NY: Doubleday.

Garvey, C. (1977). *Play*. Glasgow: Fontana.
Groot, A.D. de (1961). *Methodologie. Grondslagen van onderzoek en denken in de gedragswetenschappen*. 's Gravenhage: Mouton.
Groos, K. (1899). *Die Spiele der Menschen*. Jena: Gustav Fischer.
Harter, S. (1983). Developmental perspectives on the self-system. In P.H. Mussen (Ed.), *Handbook of Child Psychology*, vol.4. New York: Wiley.
Hellendoorn, J. (1989). *Spelontwikkelingsschaal*. Leiden: RU vakgroep Ontwikkelingspsychologie.
Hellendoorn, J. (1990). *Spelen kun jij ook*. Leiden: RU vakgroep orthopedagogiek.
Hellendoorn, J. & Berckelaer-Onnes, I. van (1991). De betekenis van spel. In J. Hellendoorn & I. van Berckelaer-Onnes (red.), *Speciaal spel voor speciale kinderen* (p. 11-21). Groningen: Wolters-Noordhoff.
Heijkoop, J. (1999). *Vastgelopen*. Baarn: Nelissen.
Huizinga, J. (1938). *Homo ludens*. Haarlem: H.D. Tjeenk Willem & Zoon NV.
Hutt, C. (1966). Exploration and play in children. *Symposium of the zoological Society of London*, 18, 61-81.
Hutt, C. (1979). Exploration and play. In B. Sutton-Smith (Ed.), *Play and learning* (p. 175-194). New York: Gardner Press.
Isarin, J. (2004) *Kind als geen ander*. Budel: Damon.
James, W. (1950). *The principles of psychology*, vol. 1. New York: Dover.
Kerseboom, R. (2004). *Vertel mij wat. Kinderen helpen met verhalen*. Houten: Bohn Stafleu van Loghum.
Kievit, Th. & Tak, J.A. (1996). De praktijk van de hulpverlening en het gebruik van de regulatieve cyclus. In T. Kievit, J. de Wit, J.H.A. Groenendaal & J.A. Tak (red.), *Handboek psychodiagnostiek voor de hulpverlening aan kinderen* (p. 42-65). Utrecht: De Tijdstroom.
Knijnenburg, N. (1993). Werken met metaforen voor jonge kinderen. In O. Buys (red.), *Spel werkt* (p. 25-36). Culemborg: Phaedon.
Kooy, R. van der & Slaats-van den Hurk, W. (1991). Relations between parental opinions and attitudes about child rearing and play. *Play and Culture*, vol. 4 (p. 108-123).
Krasnor L.R. & Pepler, D.J (1980). The study of children's play: some suggestions for future directions. In K.H. Rubin (Ed.), *Children's play. New directions for child development* (p. 85-96). San Francisco: Jossey-Bass.
Landelijke Contactgroep Spelbegeleiders (1996). *Spelbegeleiding*. Utrecht: NGBZ.
Largo, R.H. & Howard J.A. (1979). Developmental progression in play behavior of children between nine and thirty months. I: Spontaneous play and imitation. *Developmental Medicine and Child Neurology*, 21, 299-310.
Leseman, P.M., Rollenberg, L. & Rispens, J. (2001). Playing and working in kindergarten: cognitive coconstruction in two educational systems. *Early Childhood Research Quarterly*, 16, 363-384.
Li, A.F.K. (1981). Play and the mentally retarded child. *Mental Retardation*, 19, 121-126.
Löwe, M. (1977). Trends in the development of representational play in infants from one tot three years – An observational study. *Journal of Child Psychology and Psychiatry*, 16, 33-47.
Lyytinen, P. (1991). Developmental trends in children's pretend play. *Child: Care, Health and Development*, 17, 9-25.
Mahler, M. (1975). *The psychological birth of the human infant*. New York: Basic Books.
Maslow, A. (1968). *Toward a psychology of being*. New York: Van Nostrand Reinhold.
McCune-Nicolich, L. (1981). Toward symbolic functioning: Structure of early pretend games and potential parallels with language. *Child development*, 52, 782-797.
Mead, G.H. (1934). *Mind, self and society*. Chicago: University of Chicago Press.

Moor, J. de & Waesberghe, B. van (1991). Speltraining van peuters met motorische beperkingen. In J. Hellendoorn & I. van Berckelaer-Onnes (red.), *Speciaal spel voor speciale kinderen* (p. 53-73). Groningen: Wolters-Noordhoff.

Pameijer, N. & Beukering, T. van (2004). *Handelingsgerichte diagnostiek.* Leuven: Acco.

Pameijer, N. & Laar-Bijman, E. van (2007). *Handelingsgerichte diagnostiek.* Den Haag: Lemma.

Parten, M.B. (1932). Social participation among preschool children. *Journal of Abnormal and Social Psychology, 27*, 243-269.

Piaget, J. (1951). *Play, dreams and imitation in childhood.* London: Routledge & Kegan Paul.

Poel, L. van der (1994). *Play: a study into the observation of play and the relationships between play, creativity, leisure and parental characteristics.* Culemborg: Phaedon.

Poel, L. van der (1998). Spel werkt, weet wat je speelt: Kleine verhalen, grote zaken. In O. Buys & L. van der Poel (red.), *Spel werkt, weet wat je speelt* (p. 40-50). Utrecht: HvU Press.

Pol, J.P. van der (2005). *Kracht en macht van spel en verbeelding.* Leiden: Optima.

Riksen-Walraven, M.J.M.A. (1977). *Stimulering van de vroegkinderlijke ontwikkeling, een interventie-experiment.* Lisse/Amsterdam: Swets & Zeitlinger.

Rispens, J., Carlier, E. & Schoorl, P. (red.) (1984). *Diagnostiek in de hulpverlening: methodische aspecten van opvoedings- en leerproblemen.* Lisse: Swets & Zeitlinger.

Rispens, J., Carlier, E. & Schoorl, P. (red.) (1990). *Diagnostiek in de hulpverlening: methodische aspecten.* Lisse: Swets & Zeitlinger.

Rost, H. (1983). Spel of geen spel: de vraag naar de kwaliteit van het menselijk bestaan. In R. de Groot, H. Rost & H. de Wijs (red.), *Compendium spel en speelgoed.* Alphen aan den Rijn: Samsom.

Rost, H. (1986). Exploration and play: a micro-analysis. In R. van der Kooy & J. Hellendoorn (Eds.), *Play, play therapy and play research* (p. 233-245). Lisse: Swets & Zeitlinger.

Rubin, K.H., Fein, G., & Vandenberg, B. (1983). Play. In P.H. Mussen (Ed.), *Handbook of Child Psychology*, vol.4 (p. 693-774). New York: Wiley.

Rubin, K.H., Maioni, T.L. & Hornung, M. (1976). Free play behaviors in middle and lower class preschoolers: Parten and Piaget revisited. *Child Development, 47*, 414-419.

Scholten, U. (1985). *Spel en speelgoed bij geestelijk gehandicapte kinderen.* Nijmegen: Dekker & van de Vegt.

Shantz, C.U. (1982). Social cognition. In J.H. Flavell & E. Markman (Eds.), *Carmichael's manual of child psychology: Cognitive development.* New York: Wiley.

Singer, D.G. & Singer, J.L. (1990). *The house of make-believe: Children's play and the developing imagination.* London: Harvard University Press.

Smith, P.K. & Hagan, T. (1980). Effects of deprivation on exercise play in nursery school children. *Animal Behavior, 28*, 922-928.

Strien, P.J. van (1986). *Praktijk als wetenschap.* Assen/Maastricht: Van Gorcum.

Sutton-Smith, B. (1979). Play as performance. In B. Sutton-Smith (Ed.), *Play and learning.* New York: Gardner Press.

Sutton-Smith, B. (1997). *The ambiguity of play.* Harvard: University Press.

Timmers-Huigens, D. (2000). *Mogelijkheden voor verstandelijk gehandicapten.* Maarssen: Elsevier.

Ungerer, J. & Sigman, M. (1981). Symbolic play and language comprehension in autistic children. *Journal of the American Academy of Child Psychiatry, 20*, 318-337.

Vandell, D.L., Wilson, K.S. & Buchanan, N.R. (1980). Peer interaction in the first year of life: an examination of its structure, content and sensitivity to toys. *Child Development, 51*, 481-488.

Vedder, R. (1977). *Observatie van kinderen*. Groningen: Wolters-Noordhoff.
Vermeer, E.A.A. (1955). *Spel en spelpedagogische problemen* (oorspronkelijke titel: *Play and play pedagogical problems*). Utrecht: Bijleveld.
Vink, R. (2002). Er was eens. *Klik, 31*, 20-22.
Vygotsky, L. (1966). Play and its role in the mental development of the child. *Sovjet Psychology, 12*(6), 62-76.
Westby, C.E. (1991). A scale for assessing children's pretend play. In C.E. Schaefer & K. Gitlin Sandgrund (Eds.), *Play diagnosis and assessment* (p. 131-161). New York: Wiley.
Wessels-Reijerse, M. (2008). *Leven-de verhalen, over mensen en dieren die veel meemaken*. Houten: Bohn Stafleu van Loghum.

# Bijlage 1 De spelontwikkeling

Overzicht op basis van de theorieën over spelontwikkeling
(L. van der Poel en A. Blokhuis)

1 Simpel manipuleren/sensopathisch spel (vanaf ca. 3-4 maanden)
2 Spelend combineren (vanaf ca. 9 maanden)
3 Functioneel spel (vanaf ca. 13 maanden)
4 Symbolisch spel (vanaf ca. 18 maanden)
   a doen-alsof handelingen gericht op zichzelf (vanaf ca. 18 maanden)
   b doen-alsof handelingen gericht op een ander (vanaf ca. 20 maanden)
   c meer gedetailleerde doen-alsof handelingen gericht op een ander (vanaf ca. 22-30 maanden)
   d meer opeenvolgende doen-alsof handelingen gericht op een ander (vanaf ca. 30-36 maanden)
   e doen-alsof handelingen uitgevoerd door een ander (vanaf ca. 36 maanden)
   f doen-alsof handelingen met substitutie (vanaf ca. 3-3,5 jaar)
   g doen-alsof sequenties (vanaf ca. 3,5 jaar)
5 Fantasie-/rollenspel en constructiespel (vanaf ca. 3,5-4 jaar)
6 Spel met regels (vanaf ca. 6 jaar)

# Bijlage 2 De ontwikkeling van samenspel

(Parten, 1932)

1. Niet-bezig zijn
2. Solitair spel (vanaf ca. 3 maanden)
3. Toekijkgedrag (vanaf ca. 12 maanden)
4. Parallelspel (vanaf ca. 18 maanden)
5. Associatief spel (vanaf ca. 2 jaar)
6. Coöperatief spel (vanaf ca. 4 jaar)

## Bijlage 3 Spel en manieren van ervaringsordening

*Lichaamsgebonden ervaringsordening*
Simpel manipuleren
Sensopathisch spel

*Associatieve ervaringsordening*
Spelend combineren
Functioneel spel

*Structurerende ervaringsordening*
Symbolisch spel
Constructiespel

*Vormgevende ervaringsordening*
Fantasie-/rollenspel
Spelletjes met regels

# Bijlage 4 De ontwikkeling van het zelf

Het subjectieve zelf: ik ben
- zelfbesef: ik besta;
- autonomie: ik doe dit, ik heb invloed op mijn omgeving.

Het objectieve zelf: wie ben ik
- zelfbeeld: dit ben ik, dit kenmerkt mij;
- zelfwaardering: ik ben de moeite waard.

# Bijlage 5 Spelobservatiecategorieën op uitingsniveau

Spelniveau
- Op welk ontwikkelingsniveau speelt het kind hoofdzakelijk?
- Wat is het hoogste ontwikkelingsniveau dat het kind laat zien?
- Komt het spelontwikkelingsniveau overeen met het ontwikkelingsniveau van het overige functioneren van het kind?

*Speelt het kind op ontwikkelingsniveau?*

Spelkeuze
- Kan het kind zelfstandig kiezen (of pakt het wat het toevallig tegenkomt)?
- Wat voor materialen c.q. spelvormen kiest het kind allemaal?
- Kiest het kind gevarieerd of steeds voor hetzelfde spel(materiaal)?

*Kan het kind (zelfstandig) kiezen voor een gevarieerd spelrepertoire?*

Spelduur
- Kan het kind langere tijd achtereen met hetzelfde materiaal spelen?
- Is het kind snel afgeleid?
- Maakt het kind een spel af?

*Kan het kind zich goed concentreren op zijn spel?*

Spelkwaliteit
- Brengt het kind diepgang aan in zijn spel?
- Speelt het kind rustig of chaotisch, heeft hij/zij greep op het spel?
- Weet het kind de spelmaterialen en speelruimte te gebruiken ter bevordering van het spel?
- Beleeft het kind plezier aan het spel?

*Levert het spel het kind 'flow' op?*

Contact met medespelers
- Hoe reageert het kind op andere kinderen?
- Hoe reageert het kind op de spelbegeleider?

- Verandert het contact met de spelbegeleider naarmate de spelsessie(s) vordert/vorderen?

Is het kind in staat de inbreng van anderen in zijn spel toe te laten?

# Bijlage 6 Spelobservatiecategorieën op inhoudsniveau

Identificatie met spelfiguur
- Welke specifieke figuur of rol kiest het kind in het spel?
- Welke functie heeft deze figuur?

Thema's of gebeurtenissen
- Welke thema's of gebeurtenissen komen vaker voor in het spel?
- Welke emoties laat het kind in het spel zien?
- Is de grens tussen realiteit en fantasie duidelijk voor het kind?

## Bijlage 7 Richtlijnen voor het opstellen van een spelwerkplan

1 Hypothese:
   Wat zijn de kwaliteiten en hiaten op spelgebied bij dit kind?
   ... is een kind dat ... waardoor ...

2 Hulpvraag:
   Om welke hulp vraagt het kind?
   Help me om ...
   Leer me ...

3 Doelstelling:
   Wat wil je met de spelbegeleiding bereiken?

4 Strategie:
   Op welke manier wil je de doelstellingen bereiken?
   a Speltype: welke spelsoort(en) ga je met dit kind spelen?
   b Materiaal: welk spelmateriaal bied je aan?
   c Omgeving: hoe richt je de spelkamer in?
   d Tijd: hoe lang, hoe vaak per week en op welk tijdstip ga je spelen met dit kind?
   e Houding: welke houding neem je aan en hoe leg je contact met het kind?
   f Spelbegeleidingstechnieken: welke spelbegeleidingstechnieken gebruik je daarbij?

## Bijlage 8 Inrichting van een spelkamer

De spelkamer moet een rustige ruimte met afsluitbare kasten zijn om prikkels te verminderen.
Er moeten verschillende speelplekken zijn zoals:
- een zand-watertafel met trechters, bootjes, flessen, zandvormpjes, enzovoort;
- een plek waar getekend, geschilderd, enzovoort kan worden;
- een poppenhoek met tafel en stoeltjes;
- een hoek met constructiemateriaal;
- bank of matras (om uit te rusten of een boekje te lezen, functie van bed in rollenspel).

Verder moeten er diverse spelmaterialen zijn zoals:
- poppenhuis met inventaris en popjes van verschillende grootte;
- diverse grote poppen en spullen die daarbij horen zoals poppenwagen, kleertjes, zuigfles, serviesje, fornuis, bed;
- speelgoedbeesten van zacht materiaal (knuffels);
- verkleedkleren, dokterskoffer, politie-, brandweer, - ridder-, indianenuitrusting en dergelijke;
- telefoon;
- boekjes, tijdschriften;
- expressiematerialen: tekenspullen, verf, klei, lijm, schaar, kosteloos materiaal;
- sensopathisch materiaal: scheerschuim, olie, bodylotion, bak met macaroni, rijst, bonen, enzovoort;
- zintuiglijk materiaal: tast-, kijk-, geluidsmateriaal zoals zaklamp, aluminiumfolie, ballen, en dergelijke;
- constructiemateriaal zoals lego, duplo, blokken, Knex;
- auto's, hulpverleningsauto's, vrachtauto's, garage;
- vliegtuig, helikopter, ruimteschip;
- playmobil: poppetjes, hekken, bomen en dergelijke;
- dierfiguren en mensfiguren, in verschillende groottes en met verschillende uitdrukkingen;

- bak met zand om scènes uit te beelden;
- boerderij met toebehoren;
- trein met rails;
- winkelspullen;
- poppenkast en handpoppen;
- gezelschapsspelen.

# De auteurs

*Lisette van der Poel* (1964) is ontwikkelingspycholoog. Zij promoveerde in 1994 op een onderzoek naar het observeren van spel. Ze werkte jarenlang bij Centrum Spelmethodiek van de Hogeschool Utrecht als docent, trainer en later manager bij de opleidingen spelbegeleiding en speltherapie en gaf cursussen en trainingen op het gebied van spel en spelbegeleiding. Momenteel is ze opleidingsmanager van de voltijd bachelor Pedagogiek van de Hogeschool Utrecht en verzorgt ze scholing, training, adviezen en onderzoek over de waarde van spel in de opvoeding en begeleiding van kinderen.

*Annie Blokhuis* (1953) is orthopedagoog en sinds 1986 werkzaam bij Philadelphia. Zij werkt als gedragsdeskundige in verschillende woonlocaties voor mensen met een verstandelijke beperking. Zij was jarenlang verbonden aan een ZMLK-school. Zij was al eerder (mede)auteur van een aantal succesvolle publicaties. De meest recente uitgave is *Je luistert wel, maar je hoort me niet* (2003/2006), over communicatie met mensen met een verstandelijke beperking.
Daarnaast geeft ze lezingen, trainingen en cursussen aan leerkrachten en begeleiders over autisme, communicatie en sociaal-emotionele ontwikkeling.

# Register

associatief spel 54
autonomie 76, 80, 135, 142
autotelisch gedrag 21

beeldvorming 93, 97
Belsky, J. en Most, R.K. 47

cognitieve ontwikkeling 37, 38
constructiespel 60
controle 68
controle en invloed 34, 80
controleverlies 139
coöperatief spel 54
Csikszentmihalyi, M. 31, 33

decontextualisatie 49, 59, 64
diagnostische gegevens 93
diepgang 62, 104
Dijk, E. van, en Frankhuijzen, H. 70, 71, 109
disharmonische ontwikkeling 132
dispositionele kenmerken 18
doen-alsof handelingen 58

ego 28, 31, 42
egofunctie 28
egosteun 131
eigenheid 76
Erikson, E. 28, 42
ervaringsordening 66
esthetische wereld 44

fantasiespel 46, 51
fenomenologie 31
flow 31, 81
flow-ervaringen 31, 32
Frankhuijzen, H. zie Dijk, E. van, en Frankhuijzen, H.
functioneel spel 57

geleende taal 110
gezelschapsspel 46

Hellendoorn, J. 65

identificatie met spelfiguur 107, 110
illusionaire spelwereld 44
inhoudsniveau 97, 106
intrinsieke motivatie 20, 123
invloed en controle 34, 80
invoegen 125

kindertherapie 30
kwaliteit van bestaan 34

levensverhaal 71, 144, 146
Lyytinen, P. 49, 51

Maslow, A. 32
methodisch werken 90, 93
Most, R.K. zie Belsky, J. en Most, R.K.
motivatie, intrinsiek 19, 123

objectpermanentie 26
objectsubstitutie 50
oefenspel 37
ondersteunen van speler 149
ontwikkeling 27
 –, disharmonisch 132
 –, spel als 25

parallelspel 54
Parten, M.B. 52
persoon van speler 148
Piaget, J. 25, 37
psychoanalytische theorie 27, 42

regulatieve cyclus 90
rollenspel 46

samenspel 52
samenspelen 102
sensopathisch spel 45, 56, 140
sociale ontwikkeling 52
spel
   –, associatief 54
   –, constructie- 60
   –, coöperatief 54
   –, fantasie- 46, 51
   –, functioneel 57
   –, gezelschaps- 46
   –, oefen- 37
   –, parallel 54
   –, rollen- 46
   –, samen- 52
   –, sensopathisch 56
   –, succes- 46
   –, symbolisch 49, 57
   –, verbeeldend 25, 27, 64
   –, verwerkende functie 29
spel met regels 38, 60
spelbegeleiding 84, 88
   –, strategie 119
spelbegeleidingstechnieken 127
spelcontext 21, 26
spelduur 101
spelend
   –, bewegen 45
   –, combineren 57, 142
   –, construeren 45
   –, groeperen 45
   –, imiteren 45
   –, manipuleren 56, 142
   –, omgaan met objecten 45
   –, ordenen 45
speler
   –, ondersteunen 149
   –, persoon 148
spelkamer 124
spelkeuze 100
spelkwaliteit 104
spelniveau 99
spelobservatiecategorieën 105, 108
spelomgeving 124
spelontwikkeling 36, 56
spelregie 126
spelsoorten volgens Piaget 37

spelstimulering 89
spelthema's 107
speltherapie 90
speltraining 89
spelwereld 43
   –, esthetisch 44
   –, hanteerbaar 44
   –, lichamelijk 44
spelwerkplan 94, 113
   –, doelstellingen 118
   –, hulpvraag 117
stimuleren van spel 128
strategie voor spelbegeleiding 119
structureren 129
substitutie 48, 58
successpel 46
symbolisch denken 66
symbolisch spel 38, 49, 57

uitingsniveau 97, 98

variatie 63
veiligheid 130
verbeeldend spel 25, 27, 64
verbinding met omgeving/ander 140
Vermeer, E.A.A. 31, 44
verstandelijke beperking 62, 72, 75
verwerkende functie van spel 29
verwoorden 128
Vygotsky, L. 25

werkdefinitie 23
Westby, C.E. 49

zelf 69, 76, 77, 147
   –, het objectieve 78
   –, het subjectieve 77
zelfbeeld 80, 135
zelfbeeld opbouwen 143, 146
zelfbesef 80, 135
zelfconcept 78
zelfontwikkeling 148
zelfvertrouwen 76, 79
zelfverwerkelijking, spel als 25, 31
zelfwaardering 80, 135
zijnscompliment 131
zone van de naaste ontwikkeling 26

GPSR Compliance

The European Union's (EU) General Product Safety Regulation (GPSR) is a set of rules that requires consumer products to be safe and our obligations to ensure this.

If you have any concerns about our products, you can contact us on

ProductSafety@springernature.com

In case Publisher is established outside the EU, the EU authorized representative is:

Springer Nature Customer Service Center GmbH
Europaplatz 3
69115 Heidelberg, Germany

www.ingramcontent.com/pod-product-compliance
Ingram Content Group UK Ltd.
Pitfield, Milton Keynes, MK11 3LW, UK
UKHW050410240426
12048UKWH00020B/1437